KB083213

불화와
연결

불화와 연결
서로에게 기대는 법을 고민하는 청년 인터뷰집

발행일
초판 1쇄 2024년 7월 25일

지은이
김고은

사진
김지원

펴낸이
김현경

펴낸곳
북드라망
주소. 서울시 종로구 사직로8길 24 1221호(내수동, 경희궁의아침 2단지)
전화. 02-739-9918
팩스. 070-4850-8883
이메일. bookdramang@gmail.com

ISBN
979-11-92128-55-9 03300

책으로 여는 지혜의 인드라망, 북드라망
bookdramang.com

불화와 연결

김고은 지음

서로에게 기대는 법을 고민하는 청년 인터뷰집

진우

총총

은빈

윤하

길완

BookDramang
북드라망

목차

서문

미워만 하느라 사랑하는 법은 잊었을까?

우리는 혐오와 증오에 빠져 함께 살아갈 방법을 찾지 못했을까? 미워만 하느라 사랑하는 법은 잊었을까? 궁금했다. 타자가 나의 생존을 위협한다고 느끼기 쉬운 오늘날, 정말로 이질적인 존재와 함께 사는 게 가능할까?

당장에 내 삶에서부터 그랬다. 나는 함께 사는 법을 찾은 적이 있던가? 함께 사는 일에 성공해 본 적이 있던가? 얼마 전 나를 해고한 편의점 사장을 얼마나 원망했는지 모른다. 그와 비슷한 외형을 가진 사람을 보면 불쾌한 기분이 들었다. 몇 달 전 여성주의 저널 『일다』에 기재한 내 글에 악플이 달렸을 때는 또 어땠는지. 나는 이런 글을 쓸 수 있는 여성이라며 뻗대고 싶었고, 포털사이트에서 나를 페미니스트라는 이유로 인신공격하던 수백 명의 또래 남성은 몽매하다고 매도하고 싶었다.

몇 년 전까지 함께 일상을 보낸 친구들과는 그보다 더 나빴다. 친구들과 함께 인문학공동체에서 10년 동안 공부하고 일을 꾸렸는데, 10년 내내 그들을 미워했다. 내 공부가 늘지 않는 것도 우리의 활동이 더 펼쳐지지 않는 것도 친구들 때문이라고 생각했다. 함께 사는 데 실패했던 시간을 꼽으라면 끝도 없이 말할 수 있다. 나는 오랫동안 졸렬해 왔고 아직도 낯선 이들을 만나면 움츠러든다. 돌이켜 보니 내게는 실패의 역사밖에 없는 것 같다.

은둔고립청년을 만나는 일을 시작하면서 그런 생각이 더 강해졌다. 은둔고립청년 60만 시대, 나 역시 은둔고립청년이 아니라고 단언하기 어렵다. 사회적 관계에서 배제되거나 지지기반을 잃은 경험이 있는 이들에게서 나의 모습을 발견했다. 관계를 칼같이 정리하는 것만이 '나'를 지킬 수 있는 방법이라고 생각했다. 관계 실패의 경험은 존재를 위축되게 만들고, '아예 관계 맺기를 시도하지 말아야겠다'는 결심으로 이어졌다.

일 년 전에 썼던 『함께 살 수 있을까: 타인과 함께 사는 법을 고민하는 청년 인터뷰집』에서 다섯 인터뷰이들은 오랜 시간 이질적인 존재와 부딪히며 때로 진절머리를 내왔다. 그러나, 그럼에도 하나 같이 이렇게 말했다. 함께 살 수밖에 없다고. 선택의 문제가 아니지 않냐고. 정말 그랬다. 은둔고립청년을 만나는 일이 장기화되면서 알게 됐다. 관계를 정리하고 끊어내는 일은 '나'를 지키는 방법이 아니었다. 고립감에 어쩔 줄 몰라 하면서도, 나의 세계가 비대해지고 있어서 위험하다고 느끼면서도 무엇을 어떻게 해야 좋을지 몰랐다. 그래서 오직 관계를 맺는다, 끊는다는 두 가지 선택지를 앞두고 있었을 가능성이 높았다.

온갖 서사가 범람하고 있음에도 인터뷰를 다시 한 건 이 때문이었다. 내가 배운 철학을 하고 싶었다. 갑자기 철학이라니, 거창하게 느껴질지도 모르겠다. 그러나 나는 철학이 삶과 동떨어진 것으로 여겨지는 게 문제라고 생각한다. 내가 배운 동양철학은 거대하고 어려운 이론이 아니라, 구체적이고 실질적인 관계 이야기였다. 논쟁보다 서로를 살리는 관계가 먼저였다. 구체적인 삶의 이야기와 관계를 살리는 지혜가 철학이다. 철학이 서로에게 어떻게 기대어 살아가고 있는지, 어떻게 함께 살아갈 수 있는지 보여 줄 것이다.

*

이 책에서 만난 인터뷰이들은 특수한 상황에서 불화했던 나와는 다르게, 존재 자체로 불화하는 이들이다. 장애인 당사자 활동가 진우는 아침마다 수십 명의 경찰에 둘러싸여 '비非시민'으로 호명된다. 지역에서 거주하는 여성 청년 총총은 도시에 진입하지 못한 '실패자'가 아니냔 눈초리를 받는다. 기후운동가 은빈은 아무리 급박한 일이더라도 액션할 때 법은 지켰어야 했다며 '게으른 범법자' 명목의 벌금을 받았다. 인문학공동체의 살림멤버 윤하는 제도권 밖에서 공부하고 활동했기 때문에 사회적 시선에서 '루저'가 되기 쉽다. 대체복무요원 길완은 '이방인'이라고 불린다. 이들은 쉽게 혐오의 대상이 되기도 했다. 이질적이라며 배제당한 적도 여러 번이다. 그래서 때로 상처 입고 주저앉기도 했다.

하지만 주저앉은 자리에 그대로 머물지는 않았다. 당해온 것처럼 다른 이들을 배제하거나, 자신을 옹호해 줄 이들만 찾지도 않았다. 대신 다양한 존재들과 어울렸다. 자꾸 부딪히며 불화했다. 대단한 스킬이 있는 것도 아니다. 진우가 경찰에게 위압적으로 포위되었을 때 사용하는 방법은 꼬집기와 깨물기다. 총총은 밥을 먹고 가라는 이웃들의 말에 기대어 그냥 버텼다. 은빈은 대기업 앞에서 만화 〈원피스〉의 주제가를 부르고, 윤하는 발끈하다가도 책을 읽으며 마음을 가라앉힌다. 길완은 관물대에 친구들이 보내 준 편지를 붙여 놓는다. 구체적인 삶은 정돈되어 있기보단 얼렁뚱땅에 가깝다. 이들이 불화해 내는 나날도 마찬가지다. 웃기거나 슬프다. 웃기고 슬프기도 하다.

얼렁뚱땅 불화하는 날들이 쌓이니 연결됐다. 옆 친구와, 이웃 주민과, 선배-선생님과. 때로는 가해자나 이웃 나라 베트남까지도. 혼자 삶의 무게를 다 지는 대신 옆에 조금씩 기대었다. 내가 기대니 남들도 나에게 기댔다. 연결되기 위해 불화했고, 불화하니 연결되었고, 그러다 보니 살게 되었다. 여전히 얼렁뚱땅, 웃기고 슬프지만, 그렇게 함께 살게 되었다. 이들이 대단히 용감하거나 특출난 성품을 타고났기 때문이 아니다. '함께 살기'가 선택할 수 있는 문제가 아니라는 걸 알았기 때문이었다. '함께 살기'와 '살기'가 다른 말이 아님을 알았기 때문이었다.

나는 너무 쉽게 불화를 실패로, 실패를 회복할 수 없는 단절로 치부했다. 진부하고도 당연한 말이지만, 근육을 키우려면 찢는 게 먼저다. 찢기고 나면 더 단단하게 연결된다. 앞으로도 나는 10년을 함께했던 친구들을 미워하지 않는 방법은 영영 찾지 못할 것이다. 아직도 가끔 그 얼굴들을 보면 한 대쥐어 박고 싶은 마음이 든다. 하지만 미워하면서도 사랑하는 방법은 아는 것 같기도 하다. 친구들에게 얼만큼 기대어 왔는지, 그 관계가 나를 얼마나 키워 냈는지는 안다. 이제 일상을 같이 보내지 않지만, 나는 지금도 그 친구들과 함께한다. 10년을 함께하고도 여전히 서로를 응원하는 존재가 나를 튼튼하게 한다.

짧은 기간 만났거나 나쁜 시간을 함께한 존재들과의 불화는 더 쉽게 '단절된 사건'으로 매듭지어 진다. 그런 일들은 조금 더 멀리서, 더 긴 시간을 갖고 만나야 하는지도 모른다. 가령 총총은 오랜 시간을 들여 조금씩 바꿔 나가려고 한다. 통-불통으로 명확한 선을 긋지 않고, 이웃들을 천천히 초대한다. 은빈은 기후운동이 한 기업이나 국가를 악마화하지 않는 것처럼, 한 사람을 악마로 만들지 않고도 함께 살아나갈 방법을 찾으려고 한다. 진우와 길완은 거대한 구조에 짓눌리지 않고, 자신의 존재를 포기하지 않고, 버텨 준다. 그럼으로써 사회에게 그들의 존재를 마주할 기회를 준다. 윤하는 공부의 세계로 함께 살 방법을 찾아 나선다.

책을 쓰며 확실하게 말할 수 있게 된 건, 연결에도 근육이 필요하다는 거다. 그리고 근육에는 단련이 필요하다. 불화가 실패일 수는 있지만, 실패가 곧 단절이라고 등치시켜서는 안 된다. 그렇게 된다면 오로지 두려움에 휩싸이게 될 것이다. 이 책의 인터뷰이들의 말과 삶이 다른 가능성을 보여 준다. 찢기고 실패한 뒤에 더 큰 힘을 갖고 연결될 수 있음을 말이다. 미워만 하지 않기 위해서는 "연결될 수 있다"라는 말만으로는 부족하다. 사랑까지 하기 위해서는 동시에 "불화할 수 있다"고도 말해야 한다.

우리는 미워만 하는 대신 연결될 수도 있다. 왜냐하면 불화해서 사랑할 수도 있기 때문이다. 연결은 성인이나 도인들만 해내는 일이 아니다. 멋지기만 하고 환상적이기만 한 일도 아니다. 그러니까 삶이 엉망진창처럼 느껴져도 그냥 이런 채로, 슬퍼하고 웃겨하며, 미워하고 사랑하며, 어떻게 같이 한번 살아 보자.

*

처음엔 2023년 길동무 르포교실에서 동학과 선생님들에 등떠밀려 줄글 인터뷰를 쓰게 됐다. 이전에 작업했던 문답형식은 인터뷰이에게 많이 기대어 갈 수 있었다. 인터뷰이가 한 말을 정리하는 선에서 작업했기 때문이다. 그러나 줄글 형식은 글쓴이의 해석이 적극적으로 들어가야 했다. 자유도가 높아지는 만큼 책임이 늘었다. 인터뷰이들을 다치게 하지는 않을까 두려웠다.

그럼에도 책 전체를 줄글 형식으로 써보기로 했다. 어쩔 수 없었다. 그간 나는 관계 이야기를 해왔고, 이번 책에서는 특히 불화하면서까지도 관계를 생각해야 한다고 쓰게 됐다. 그러니 인터뷰이나 책과 적극적인 관계 맺기가 불편하다고, 그래서 발을 빼겠다고 차마 말할 수 없었다. 스스로 판 함정에 걸려든 셈이다. 내 몸이 가장 먼저 글로 나를 드러내야 하는 작업에 거부반응을 보였다. 때로는 이불 위로 도망도 갔다가, 다른 작가들의 브이로그를 보며 대리만족하기도 했다.

그래도 다시 책상 앞으로 돌아와 여기까지 왔다. 여러 사람들을 생각했다. 가장 먼저는 인터뷰이들을 믿었다. 찢어지고 나면 더 단단히 연결된다는 그들의 이야기를 이정표 삼았다. 아프거나 아팠던 친구들이, 인류 마지막 날이라도 나무를 심을 친구들이 내 곁에 있었다. 주변 사람을 너무 잘 돌볼 줄 알아서, 그게 흠이 잡혀 고립되고 말았던 어떤 은둔고립청년들을 생각했다. 폭력적으로 알바생을 해고하고, 페미니스트라는 이유로 인신공격한 사람들도 떠올렸다. 그들을 악인으로 매도하며 혐오했던 나 역시 그들처럼 단절되어 왔음을 알게 됐다. 우리는 이 시대가 낳은 쌍둥이일지도 모른다.

나를 그들의 세계에 초대해 준 인터뷰이들에게 고맙다는 인사를 전한다. 조건 없는 환대 덕분에 울고 웃으며 풍요로운 세상을 만날 수 있었다. 이 책은 먼저 제안해 준 북드라망의 현경 쌤 덕분에 나왔다. 어떤 청년들의 이야기가 더 필요하다며 지지의 마음을 보내 주는 어른을 만난 건 행운이다. 줄글 형식의 인터뷰를 쓸 수 있게 응원하고 지적해 준 르포교실 동학과 선생님에게도 감사하다. 덕분에 내 글쓰기는 한번 찢어졌다가 새로운 힘을 얻고 연결되었다. 〈문탁네트워크〉 선생님들은 내게 공동체가 무엇인지, 왜 필요한지 알려주었다. 자기 밖에 몰랐던 나와 기꺼이 불화하며 연결되어 주었다. 내 모든 작업물은 인터뷰이를 포함해 내가 만났던 사람과 읽었던 책들, 친구들, 가족들에게 빚을 지고 있다. 책에 좋은 부분이 있다면 모두 이들 덕이고, 부족한 부분이 있다면 전부 내 책임이다.

* 덧달기: 교차성에 대하여

책은 각 인물과 공동체에 집중할 수 있도록 목차를 구성했다. 서로에게 기대고 있는 모습을 조금 더 잘 담고 싶어서 주변 인물 인터뷰도 몇 꼭지 넣었다. 한눈에 띄지는 않지만, 잘 살펴보면 다섯 인터뷰이가 많은 부분에서 교차하고 있음을 알 수 있다. 내가 본 인터뷰이의 교차성은 다음과 같다.

동료상담가 진우와 대체복무요원 길완은 모두 '시설' 문제의 당사자다. 진우는 당사자 동의 없이 시설에 수용될 수 있는 장애인이고, 길완은 교정 시설에서 합숙하며 징벌적인 근무를 하고 있다. 길완과 <청년기후긴급행동>의 은빈은 '시민불복종운동'으로 각각 심사와 재판을 받았다. 길완은 대체복무 제도 심사를 통해 평화주의 신념을 시험당했고, 은빈의 기후운동은 형사재판을 통해 그 의미가 평가절하되었다.

은빈과 <청풍>의 총총은 '성폭행 문제'를 공동체에서 풀어나갔다. 둘은 성폭행 문제를 숨기거나 회피하는 대신 함께 마주한 이야기를 각각 들려주었다. 총총과 <남산강학원>의 윤하는 '공동체의 돌봄'을 받으며 살아왔다. 이들은 공동체에서 서로가 서로를 돌보는 구체적인 방법을 알고 있다. 마지막으로 윤하와 진우는 '선배와 함께' 공동체를 꾸리고 있다. 선배를 존경하며 충실히 배움에 임하지만, 그렇기에 선배의 그늘에 가려지지 않는 독특함이 불룩 솟아오른다.

인터뷰이들의 이야기가 특이한 이야기나 대단한 위인들의 이야기가 되지 않았으면 한다. 독자들이 자신만의 서사 위에서 인터뷰이들의 교차성을 발굴하면 좋겠다는 바람을 가져 본다. 분명 존재하지만, 그 존재를 인정받기 쉽지 않은 이들이 있다. '청년', '장년', '여성', '남성' 등 전형적인 상에서 이탈하는 이들은 갈수록 늘어나는데 포착하는 곳은 얼마 없다. 다섯 인터뷰이들도, 나도, 그리고 어쩌면 이 책을 읽는 독자도 그런 이들 중 하나일 것이다. 우리는 완전히 같아질 수 없다. 그렇다고 완전히 다르다고 말할 수도 없을 것이다.

깨물고 꼬집는 지혜

장애동료상담가 **진우**

방안의 진우와 마로니에공원의 진우

2020년 가을, 진우는 〈무지개신학교〉의 작고 차분한 회의실에 있다. 〈무지개신학교〉는 기존 신학교에서 제한되었던 사회 쟁점을 다루는 배움 공동체다. 그리고 그는 이 공동체의 일원이다.

코트를 입어도 될 만큼 일교차가 벌어진 날이었다. 해가 지니 덩달아 공기도 바닥으로 가라앉는다. 진우는 두툼한 외투에 둘러싸여 있다. 행사 섭외차 〈무지개신학교〉를 처음 찾아온 내게 활짝 웃으며 말을 건다. 낯가리는 나를 살갑게 챙겨주니 고맙다. 하지만 동시에 곤란하기도 하다. 내가 그의 말을 절반 넘게 제대로 듣지 못하고 있기 때문이다.

그를 따라 웃음 띤 얼굴로 대답하지만, 속으로는 땀을 삐질 흘린다. 응당 '아니요'라고 해야 했을 말에 '네'라고 대답해

버린 건 아닌지. 낯선 존재를 만나는 능력이 부족한 것도 부끄럽고, 내가 갈고닦을 수 있었던 언어 능력이 오로지 비장애인의 말하기와 듣기뿐이었다는 사실도 아찔하다.

당시 진우는 신학대학원에 자퇴 원서를 내기 직전이었다. 활동적이고 외향적 성격임에도 방에서 혼자 많은 시간을 보내고 있다고 했다. 내가 그의 말을 명확하게 들을 수 없었던 것은 나의 미천한 언어능력 때문이기도 했지만, 한 사회가 그의 말을 앗아갔기 때문이기도 했다. 그의 몸과 말은 세상 밖으로 나오지 못하고 안으로 말려들고 있었다.

그로부터 3년 뒤인 2023년 가을, 진우는 혜화동 마로니에공원에 있다. 이번에 나는 그가 구태여 목청을 높이지 않더라도, 내가 무릎을 구부려 휠체어에 몸을 가까이 붙이지 않더라도 그가 하는 모든 말을 알아들을 수 있었다. 나는 또다시 그를 따라 웃으며 생각했다. 3년 사이에 그에게 무슨 일이 있었을까?

나비, 잠자리, 칡, 넝쿨, 해마

마로니에공원은 무척 소란스럽다. '대학로 사람들' 사회자의 소개를 받고 무대에 오른 '권리중심일자리' 노동자들의 발언이 스피커로 흘러나온다. 장애인이 지역과 호흡하며 사는 것이 얼마나 중요한지 말하고 있다. 이제야 고립되었던 삶에서 빠져나왔다고, 또다시 갇히고 싶지 않다는 증언이 귓가를 스친다. 그 사이에서 진우와 짤막한 인사를 나눴다.

"점심 같이 드실래요?"

"아, 저는 10분 뒤에 무대 옆으로 가야 해서요."

이 행사는 뭐라고 한마디로 설명하기가 어려웠다. 인터넷에는 다양한 홍보 포스터가 등장했다. 내가 봤던 몇몇 포스터에 따르면 이 행사는 〈장애와인권발바닥행동〉과 〈전국장애인차별철폐연대〉(이하 〈전장연〉)의 활동 혹은 〈노들장애인야학〉의 '평등한 밥상', 〈전국장애인야학협의체〉 연대체 활동을 위한 모금 행사이기도 했다.

현장에 가 보니 어쩌면 행사보단 잔치라는 말이 더 잘 어울리겠다 싶었다. 수없이 많은 단체와 사람들이 모여 장애인 차별 없는 사회를 만들자며 신나게 웃고 떠들고 먹고 마시고 있었다. 진우도 함께 웃고 떠들었지만, 먹고 마시는 일은 거의 하지 못하는 듯했다. 빡빡한 스케줄에 맞춰 스태프 일도 했다가 공연도 했다가 나같이 인사하러 온 사람 맞이도 하느라 바빴다. 내가 비건 샌드위치를 맛있게 먹는 동안 진우는 대기하며 김밥을 조금 먹을 거라고 했다.

순식간에 사라졌던 그는 잠시 뒤 무대 옆에 나타났다. 같은 문양이 새겨진 옷을 입은 사람들과 함께다. 그들은 무대 위에서 자신들을 '야수'라고 소개한다. 다섯 야수가 비장한 노래에 맞춰서 춤을 춘다. 매 순간 다섯 개의 박자와 동작이 존재하고 노래 안에서 자꾸만 엇갈린다.

그중에서도 가장 다른 건 진우의 몸짓이다. 휠체어 신체는 한쪽 무릎을 꿇고 반대쪽 손으로 바닥을 짚는 고전적인 몸짓패 동작을 소화할 수 없다. 까맣고 빨간 깃발을 힘차게 좌우상하로 흔드는 동작에서도 진우의 깃발은 다 펴지지 않은 그의 팔꿈치 때문에 많이 펄럭거리지 않는다. 때때로 혼자만 완전히 다른 동작을 선보이기도 한다.

나는 그의 몸짓을 보며 잠시 할 말을 잃는다. 감동을 음미하기도 전, 내가 혹시 장애인이 춤춘다는 사실만으로 저급한 동정심을 느끼는 게 아닌지 의심스럽다. 한 곡이 끝난 뒤, 그의 모습을 제대로 보고 나서야 멋지다고 느끼는 게 이상한 일은 아니겠구나 싶어 안심한다.

그는 풍성하고 곱슬기가 있는 중단발을 휘날리고 있다. 손에는 굵은 은색 반지들이 여러 개 레이어드 되어 있고 귀에는 은색 장신구가 주렁주렁 매달려 있다. 귀는 뚫을 수 있는 만큼 다 뚫었다고 했다. 그래서 코에도 피어싱이 있는 건지 모른다. 옷도 좋아해서 민트색, 빨간색같이 화려한 민무늬의 옷을 색깔별로 사서 입는다. 그가 주로 들고 다니는 가방은 불편함을 감수하는 멋쟁이들만 든다는 클러치백이다. 손잡이가 없어서 다리 위에 올려놓거나 손으로 잡아야 한다.

한기가 내려오는 가을날인데도 진우는 반팔 차림이었다. 그의 팔은 선이 굵은 타투로 덮여 있다. 아니다. 온몸에 타투가 잔뜩 있다고 했다. 들이받겠다는 의미의 황소, 자신처럼 육지에선 느리지만 단단한 힘이 있는 거북이, '모두가 해방되지 않으면 아무도 해방될 수 없다'는 뜻의 영어 문구. 이미 나비, 잠자리, 칡, 넝쿨, 해마가 몸을 감고 있고 등에는 뭘 할지 한참 고민 중이다. 면적이 넓으니 더 신중하게 생각한다고 했다.

다부진 뼈대와 근육에다 전동휠체어라는 금속 신체가 더해지니 이만한 멋쟁이가 또 없다. 멋쟁이 춤꾼의 몸짓을 보고 누가 감탄하지 않을 수 있을까. 나는 마로니에공원의 이 남자가 내가 3년 전에 만났던 그 사람이 아닐지도 모른다고 생각했다.

중요한 건 꺾이지 않는 몸

그와 함께 다니며 3년 전과 달라진 것을 하나 더 발견했다. 대학원을 자퇴할 즈음 그는 늘 집에만 있다고 했는데, 지금은 너무 바쁘다. 바빠서 행사에서 말 한 번 섞기도, 인터뷰 일정을 잡기도 어려웠다. 그가 하는 활동도, 그를 찾는 사람도 워낙 많은 탓이다. 일정이 늘 빡빡한 그는 전동휠체어를 타고 뒤돌아볼 틈 없이 다음 행선지로 직진했다. 그의 다리(전동휠체어)는 너무 빨라서 나를 한참이나 앞서갔다. 거의 뛰다시피 걸어야 간신히 그의 옆에 설 수 있었고, 그는 비휠체어인을 배려해 주기 위해 한번씩 속도를 늦췄다.

진우는 그날도 밤 11시가 되어서야 일을 마쳤다고 했다. 집에 도착해서 씻고 나니 새벽 1시가 다 됐다. 나였다면 이틀은 앓아누워야 할 것 같은 스케줄이라 괜찮았냐고 물어보니 그는 몇 시간 눈을 붙이고 헬스장에 갔다고 했다. 거기에다 발달장애인 지원 활동도 하고, 종로구에서 배리어프리 지도 만드는 일도 했단다. 툭하면 몸져눕는 저질 체력이라 그런가, 그의 활동력이 그저 감탄스럽다.

요즘 지하철 집회 시위도 하고, 동료상담도 하고, <무지개신학교>, 몸짓패 <야수>도 해요. <옥바라지 선교센터>랑 <모두의 운동회> 활동도요. <모두의 운동회>에는 집행위원으로 들어가서 장애 쪽 가이드라인을 만들고 있어요. 기존의 주류 스포츠에는 다양한 혐오가 있을 수 있어서, 우리는 우리의 방식으로 만들어 보려고요.

얘기를 듣다 보니 학창 시절 내내 체육대회에서 장애인을 본 적이 없었다는 걸 깨달았다. 내가 다닌 중학교에는 특수학급이 있었는데, 그 반의 친구들은 체육대회 날에 모습을 보이지 않았다. 이후 진학했던 대안고등학교에서도 마찬가지였다. 학생들이 직접 체육대회를 기획해서 운영했고 나 역시 운영위에 참가한 적이 있었지만, 장애가 있는 친구들은 체육대회에서 고려되지 않았다.

대학교 3학년 때 총학생연합회에서 주최한 체육대회가 열렸어요. 운동장을 빌렸는데 조회대 옆 계단으로만 갈 수 있게 해놓고 운동장 들어가는 문은 잠가 놓은 거예요. 장애인 당사자분들이 활동하는 동아리도 있었는데 말이에요.

문을 열어 달라고 했더니 열쇠가 없다고, 관리자가 와야 된다고 하더라고요. 화가 났어요. 1시간을 기다리고 따져서 간신히 들어갔는데 결국 장애인이 할 수 있는 종목이 없었어요.

구경만 하지 말고, 차라리 내가 회장을 해보자 해서 4학년 때 회장을 했어요. 그리고 체육대회에 론볼이라는 종목을 넣었어요. 공을 굴려서 표적구에 정확히 위치시키면 점수를 따는 게임이에요. 이 게임에는 장애인, 비장애인 할 거 없이 다 참여할 수 있어요. 저는 맘에 안 들면 바꾸는 스타일이에요. 일이 많아서 귀찮기는 하지만, 그래도 해야죠.

그가 마음에 안 드는 일을 바꾸기 위해서 어떻게든 해내고 어떻게든 움직일 수 있는 체력은 꾸준한 운동에서 나온다. 대학생 때부터 운동을 좋아했지만, 대학원을 다니다 자퇴한 뒤론 돈이 없어서 한동안 못했다. 그가 다시 헬스장을 다닌 지는 2년이 됐다.

진우는 뇌병변 장애를 가지고 있다. 태어날 때 운동신경을 관장하는 뇌에 문제가 생겼다. 뇌병변 장애인은 때때로 몸을 컨트롤하는 데 어려움을 느낀다. 발을 갑자기 앞으로 뻗는 것과 같은 불수의不隨意 행동(의지와 상관없는 행동)을 하기도 하고, 몸이 경직되고 안으로 굽을 수 있기 때문에 근육이완제와 신경안정제를 먹으며 생활한다. 그가 휠체어를 탔다고 다리에 힘이 아예 없는 건 아니다. 장시간 힘쓰는 건 어렵지만, 단시간 힘쓰는 건 잘한다.

아마도 헬스장엔 평생 다니지 않을까 싶단다. 그야말로 생활체육인이다. 처음엔 장애와 함께 잘 살기 위해, 건강하게 활동하기 위해 운동을 시작했지만 어느덧 그의 체력은 건강하게 활동할 수 있는 수준을 넘어서까지 무럭무럭 자라고 있다. 헬스장에서는 등·이두·하체를 첫번째 세트로, 가슴·삼두·어깨를 두번째 세트로 운동한다. 하체는 주로 레그프레스를 하는데, 처음에 40kg에서 시작했던 중량이 어느새 260kg까지 늘었다.

헬스 운동량을 다 채운 주에는 집에서 덤벨을 가지고 홈트도 한다. 가끔은 집 근처 공원에 있는 운동기구도 이용하고 있다. 밥도 엄청 많이 먹는다. 짝꿍과 함께 식당에 가면 최소한 메뉴 4개를 시킨단다. 그 덕분에 아무리 일해도 지치지 않는다고, 그래서 일이 계속 들어와서 곤란하다고, 한탄이 섞인 장난을 쳤다.

그는 살면서 이러한 미래를 그려 본 적이 전혀 없었는데도, 마치 이 삶을 오래 준비해 온 것처럼 딱 맞는 삶의 양식을 꾸려 나가고 있다. 장애운동판(이하 장판)에서 활동하는 진우를 보고 있자면 그가 목회자를 준비하던 시절이 아득히 멀게 느껴진다. 겨우 3년 전인데 전생의 일인 것만 같다. 진우의 대학 친구들은 여전히 목회자의 길을 가고 있다. 혹시 그곳이 그립거나 아쉽진 않을까.

한때는 아쉬웠어요. 하지만 지금은 제가 제일 잘나가니까 괜찮아요. 저 관종이거든요. (웃음)

목회자에서 장판 활동가로

그는 본래 신학대학교를 졸업하고 신학대학원을 다니며 목회자의 길을 걷겠다고 굳게 마음먹은 사람이었다. 3년 전, 대학원 생활 막바지에 자퇴하며 목회자의 길을 포기한 건 그의 의지가 아니었다. 신학대학원에는 교회에 직접 가서 전도하는 일종의 인턴 과정이 필수로 들어가 있다. 그는 12개의 교회에 서류를 냈지만, 어떤 교회도 그를 인턴으로 받아주지 않았다. 그것도 서류전형 단계에서 '입구컷'을 당했다.

사실 여기로 오게 될 줄 몰랐어요. 대학원 가서 목사가 되고자 했는데 그 과정에 차별이 있었어요. 한 학기에 한 번씩 교회에 가서 전도사로 일을 안 하면 진급을 못하는 거였는데, 장애인 학생에 대한 시스템이 없어요. 인맥을 통해서 개인적으로 알아보고, 각자 알아서 면접 보고 통과해야 하는 건데 저는 장애인이란 이유로 안 받아줬어요. 화가 나더라고요.

그의 장애로는 전도사가 주로 담당하는 청소년부 활동을 할 수 없다고 생각했을까? 휠체어로 이동하기 어려운 건물 구조인 곳도 적지 않았을 것이다. 그러나 사실 그는 다리 힘이 좋고 운동도 좋아한다. 사람 만나서 이야기 들어주는 데도 재능이 있다.

교회 각각이 진우와 함께 일할 수 없다는 판단을 내렸다. 그러나 그것이 한데 모이니 휠체어를 탄 뇌병변 장애인은 목회자를 할 수 없다는 암묵적인 선이 그어졌다. 그는 스스로 자퇴원서를 제출했지만, 사실상 쫓겨난 것이나 다름없었다.

"대학원에 들어와서 느낀 것은 장애인은 목사가 될 수 없다는 것입니다. 장애인 당사자가 사역할 수 있는 교회가 없어서 나중에 목사 안수를 받아도 과연 제가 사역할 수 있을지에 관해 걱정과 근심이 들었습니다.

대학원 교수님들에게 사역할 수 있는 교회를 알아봐 달라고 요청을 해도 '기다려라'라는 답변만 돌아오고 변하는 것은 없었습니다. 제가 알던 목사상과는 너무나도 다른 목사들을 보고 회의감이 들었습니다.

'장애인'으로서 목사가 될 수 없는 것, 그것이 제도 때문이든 암묵적인 동의 때문이든 간에 회의감이 들어서 더는 신학 공부를 할 수 없습니다. 그만두려고 합니다."

(진우의 「자퇴 원서」 중)

열 살 때부터 목사 꿈을 꿨어요. 사람들 앞에 나가서 이야기하고 노래 부르는 게 멋있어 보였거든요. 17년 된 꿈이 무너지니까 힘들었죠. 그때 같이 신학대학원을 다니던 친구랑 한번 싸워 보려고 했는데 학생들이 안 모이는 거예요. 학내에서 추진이 안 됐어요. 다들 바쁠 테니까 이해는 하죠. 그래도 옆에서 같이 살던 학생이 학교 문제로 자퇴하는데 이렇게 무관심할 수 있나 싶긴 했어요.

어려서부터 교회에서 자랐고 10대에 일찌감치 목회자의 꿈을 꾸었던 이가 한순간에 그 공동체에서 쫓겨나게 되었을 때, 그 심정을 짐작하기는 쉽지 않다. 홀로 신학대학원 자퇴 사건을 마주한 뒤 그는 페이스북에 글을 올렸다. 인연은 거기서 시작됐다. 장애인언론 〈비마이너〉에서 연락이 온 것이다. 특별한 친분이 있었던 게 아니었는데도 기사를 써 보겠다고, 그 사건이 차별 맞다며 "같이 해보자"고 했다.

그 뒤로도 그에게 "같이 해보자"는 연락이 더 왔다. 첫번째는 〈전장연〉이었다. 당시 진우는 공무원을 준비할 생각이었다. 그 명분으로 부모님을 설득해 자퇴할 수 있었다. 〈전장연〉에서 연락이 왔을 때는 공무원 시험공부를 시작한 지 채 한 달도 안 되었을 때였으므로 결정을 뒤엎기가 쉽지 않았다. 부모님에게 말을 꺼낼 수 있을지도 문제였다. 일주일을 고민하다가 해보겠다고 했다. 아쉽게도 그가 연락했을 때 〈전장연〉은 이미 활동가를 뽑은 상태였다.

그러자 이번엔 지금 활동하고 있는 곳에서 "같이 해보자"고 했다.

자퇴를 하고 나서도 고향 집에 못 돌아가겠더라고요. 아빠한테 원룸 얻어 달라고 했어요. 거기서 공부하겠다고요. 가족들은 다 더불어민주당 아니면 국민의힘을 좋아해요. 형은 이준석을 좋아하고요. 저만 혼자 진보예요. (웃음)

집안이나 사회 환경도 중요한데 친구들에게 받는 영향도 중요한 것 같아요. 저는 대학 친구들에게 영향을 많이 받았어요. 생각해 보니 내 인생 내가 사는데 부모님이 무슨 상관이냐 싶더라고요. 엄마가 먹여 살릴 거냐, 엄마가 월급 줄 거냐, 하면서 통보 아닌 통보를 하고 2021년부터 일하게 됐죠.

장애의 최고 전문가는 장애인

진우에게 연락했던 이들은 무얼 같이 하자는 것이었을까? 대학원을 자퇴했을 때, 신문에 실린다고 당장 달라질 일은 없었다. 교수가 사과하며 모든 일을 되돌려 놓겠다고 할 리 없었다. 교수 한 명이 마음을 달리 먹는다고 시스템이 바뀌는 것은 아니기 때문이다.

어느 세월에 거리에 턱이 없어지고 계단 대신 경사로와 난간 봉이 생길지 아무도 모른다. 최소한의 여건마저 마련이 되어 있지 않은 상황에서 사회 인식과 구조를 바꾸는 일은 언제 끝날지 알 수 없다. 그럼에도 그 일을 그저 묵묵히 하는 이들이 있다. 하루아침에 바뀌지 않을 걸 알면서도 "될 때까지 싸우자"고 하는 사람들이다. 진우에게 "같이 해보자"고 제안하는 사람들도 마찬가지다.

덕분에 그의 직업은 바뀌었지만, 그가 하고자 했던 일은 포기하지 않을 수 있게 됐다. 대학원을 자퇴하고 했던 생애 첫 타투는 'Cherish_r7'이라는 글자다.

cherish가 '소중히 한다'는 뜻이고, r7은 무지개 일곱 개의 빛을 의미해요. 그러니까 Cherish_r7은 모든 존재를 소중히 여기겠다는 다짐이죠. 지금도 잘 지키려고 하고 있어요.

단정하게 옷과 머리의 매무새를 가다듬고 누군가의 안녕을 기원하던 그는 이제 강렬한 옷을 입고 풍성한 머리칼을 흩날리며 누군가의 안녕을 만들어 가고 있다. 성스러운 CCM 대신 결연한 투쟁가를 부르고, 따뜻한 교회가 아닌 차가운 아스팔트를 현장으로 삼는다. 현재 그는 〈서울장애인차별철폐연대〉의 장비 회원(의사결정에 참여할 수 있는 장애인·비장애인 회원)이다.

진우가 활동하는 기관의 정확한 이름은 밝힐 수 없다. 서울시의 지속적인 압박이 있어서 특정 단체로 지목되면 위험

할 수 있다고 했다. 대신 그가 하는 일만은 명확하게 말할 수 있다. 그는 장애 동료상담 일을 하고 있다. 장애 당사자가 상담가가 되어서 장애인이 경험 속에서 자기의 고유한 힘을 발견할 수 있도록 돕는 일이다.

진우는 지금 일하는 곳에서 면접을 볼 때부터 동료상담가가 되고 싶다고 했다. 그의 삶을 비추어 볼 때 장애인이라는 정체성을 빼놓고 이야기할 수는 없다. 진우는 학창 시절, 의지와 무관하게 '특수반'으로 격리되었는데 그곳은 마치 학교에 있는 시설 같았다. 그럼에도 그는 목회자의 길에서 쫓겨나기 전까지 '장애인'을 자신의 정체성 중심에 두고 살지 않았다.

시설에 산 적이 없었고 학교도 일반 초등학교, 중학교, 고등학교를 나와 대학교와 대학원까지 진학했다. 그의 주변에는 장애인보다 비장애인이 더 많았고, 그래서 장애인을 제대로 만나 본 적이 없다고 느꼈다. 정확하게는 그들의 이야기를 제대로 들어 본 적이 없다고 생각했다.

일을 해보니 어떠냐는 질문에 그는 망설임 없이 이렇게 대답했다.

저는 재미없으면 때려치우는 성격이거든요. 이걸 3년째 하고 있는 걸 보면 재밌는 것 같아요. 가끔씩 속 터지는 일도 있긴 한데, 당사자성이 중요하니까 그분들의 선택을 존중하려고 해요. 실패도 해봐야 성공을 할 수 있는 거니까요.

어떤 분은 동료상담 하기 전에 위축되어 있었고 가족 상황도 안 좋았어요. 그런데 동료상담을 하면서 자존감이 높아지고 본인의 욕구를 충족할 수 있었어요. 그럴 때 성취감도 있고 잘했다는 생각이 들어요.

일반적인 상담과 차이는 있지만, 그래도 그는 동료'상담가'다. 내담자의 이야기를 잘 들을 줄 알아야 하고, 그 마음을 살필 수 있어야 한다. 내가 하는 인터뷰 역시 인터뷰이의 이야기와 마음에 귀 기울여야 하는 일이다. 경청의 비법을 묻자 진우는 웃으며 잘 들으려면 연애하는 것과 같이 하면 된다고 말해 줬다.

감정을 살피면서 과거에는 어땠고 또 지금은 어떠한지, 왜 그랬는지 물어보니까요. 저는 처음엔 그 사람이 어떤 이야기를 하면 자연스럽게 "그때 감정은 어땠나요?" 하고 물어봐요. 그러곤 "그때 뭐 하고 싶으셨어요? 지금 당장은 뭘 하고 싶으세요?" 하면서 다양한 선택지를 드리거든요. "다음에 같이 영화 보러 갈까요? 아니면 피시방, 노래방에 갈까요?" 못해 봤던 게 많으시니까 그걸 함께하는 것 같아요. 같이 가서 노래를 부르고, 게임을 하고, 영화를 보죠. 그게 경청이 아닐까 싶네요.

세상을 살아 나갈 지혜

동료상담 과정에서 내담자들이 가장 하고 싶어 하는 것은 '놀러 가는 것'이었다. 그래서 진우는 동료들과 영화관도 갔다가, 극장도 갔다가, 산에도 가고 노래방에도 간다. 비장애인인 내가 특별한 주의를 기울이지 않아도 되는 일, 그래서 편안한 마음으로 쉬기 위해 하는 일을 어떤 이들은 시간을 내고 품을 들여야 한다. 비장애인에게 없는 문턱이 장애인에게는 두껍게 쌓여 있기 때문이다.

가령 내가 필요로 하는 정보는 극장의 운영 시간과 가격, 위치와 근처 지하철역 정도다. 대부분의 지도 사이트에는 턱이 있는지 없는지, 휠체어가 이용할 수 있는 엘리베이터가 있는지, 문자 통역을 해주는지, 근처에 가까운 장애인 화장실이 있는지 등에 대한 정보가 없다. 진우는 자기 MBTI의 끝자리가 J(judging, 판단형)인 건 자신이 장애인이기 때문인 것 같다고 말했다. 방문하는 공간에 대한 정보를 샅샅이 모아 두지 않으면 어디 가기가 어렵다. 집 밖을 나서는 것부터가 일이다. 동료상담에서 자립하는 데 꼭 필요한 생존의 기술을 연마

하는 것은 그 때문이다.

동료상담은 자립생활 모델(Independent Living Model) 활동의 일환이다. 이때 장애인은 재활 서비스를 받기만 하는 서비스 대상 혹은 무능력해서 도움을 받아야 하는, 손상을 회복해야 하는 대상이 아니다. 장애에 있어 최고의 전문가는 장애인 당사자다. 그들은 사회적으로 한계를 경험하면서도, 고립되고 차별받은 경험을 가지고도 세상을 살아 나갈 지혜를 가지고 있다.

나는 장애가 있는 친구에게 잘 다가가지 않았다. 그들이 싫거나 미워서 그랬던 게 아니다. 그들과 함께할 때의 내 모습이 싫었다. 친구가 장애를 가졌다는 이유로 그 앞에서 쩔쩔매며 어쩔 줄 몰라 하는 내가 창피했다. 거기에 장애를 감추고 배제하고 차별하는 사회 문제가 있다는 건 장애학을 공부하고 나서 알게 됐다.

정창권 작가는 장애인이 일제강점기 때 사회에서 핍박을 받기 시작했다고 본다. 특히 1900년대 초반 우생학이 한국에 들어오면서 장애인을 사회에서 배제시키는 데 큰 역할을 했다는 것이다. 일본에서는 1940년에 (생식 능력을 없애는) 단종법인 국민우생법이 통과되었다. 한국에서는 일본의 전세 악화로 국민우생법이 시행되지는 않았지만, 한센인 단종은 이미 1930년대 중반부터 실시되고 있었다. 정창권 작가는 그의 장애 3부작 저서에서 사료를 통해 장애인이 조선시대 때까지 사회에서 학자, 점술가, 정치인, 시인, 걸인 등의 역할을 해왔음을 보여 왔다. 연구가 더 필요한 영역이기는 하지만, 분명한 것은 어떤 사람들이 '장애인'이라고 명명되고 사회에서 격리되어 차별받은 것은 문화적이고 역사적인 일이라는 것이다.

아직도 시위하는 장애인들에게 시설에 들어가 있지 뭐 하러 나왔냐고 소리치는 사람들이 있다. 장애인이 무력하다, 사회에서 제 몫을 해내지 못한다고 믿기 때문에 할 수 있는 말이다. 그러나 '무능력해서 배제되고 차별받는 장애인'은 절대 진릿값이 아니라, 사회적으로 만들어진 값이다. 배제와 차별이 무능력을 만든다.

동료상담이 중요한 이유는 공유와 공감을 통해 장애가 개인이 갖게 된 결여의 문제가 아니라 사회가 만들어 낸 배제의 문제였음을 알게 하기 때문이다. 공감과 지지를 통해 나 개인의 문제가 아니라 우리 모두의 문제라고 체감하는 것이 중요하다. 짓눌려 있었던 경험을 새롭게 해석하는 과정에서 존엄성을 되찾을 수 있다. 그로써 장애인은 비극적이거나 불쌍한, 무능한 존재가 아니라는 걸, 장애인을 장애인으로 만드는 것은 사회이며, 오히려 장애인은 자신의 존재 그 자체를 통해 이 사회를 새롭게 일궈 나갈 수 있는 당사자라는 걸 알게 된다.

뿌리 깊은 감정을 해방시키기

어떤 삶을 살아갈 것인지, 어떤 욕구를 가지고 있는지를 확인하고 함께 계획을 짜는 것도 동료상담에서 하는 일 중 하나다. 장애인의 의사는 존중되기보다 의심당하거나 부정당하는 경우가 많다. 대부분의 장애인이 성적인 욕구를 부정당하는 것처럼 말이다. 부정과 제한이 반복되며 장애인 당사자의 목소리가 줄어든다. 아니, 줄어들다 못해 흔적도 없이 지워진다. 나의 생각과 의지는 애초에 존재하지 않았던 것처럼 여겨지니 그것을 발굴해 내는 데에만 적잖은 힘이 들어간다.

목소리가 사라진 자리에 오랜 시간에 걸쳐 두터이 쌓이는 것이 있다. 배제되었던 기억과 그로부터 말미암은 감정이다.

장애인은 하지 말라는 말을 많이 들어요. 뭘 좀 하려고 하면 넌 장애인이니까 하지 말라고 하는 거죠. 그렇게 억눌렸던 감정, 억울한 기억, 차별받았던 경험이 많이 쌓여 있어요. 그걸 해방하지 않고는 대인관계를 다시 구축할 수 없고 더 나아가서 사회변혁도 할 수 없죠. 감정해방을 통해서 충분히 억울하고 짓눌린 감정을 풀어낼 필요가 있어요.

저는 중학생 때 자살 시도를 세 번 했어요. 친구들은 왕따시키고 엄마는 뭐든 하지 말라고 했거든요. 지쳐서 한번은 샴푸를 먹어 보고 한번은 목에 콘센트 줄을 감아 봤어요. 근데 절대 안 죽더라고요. 칼로 긁어 봤는데도 실패했어요.

휠체어를 초등학생 때부터 탔거든요. 축구를 좋아해서 골키퍼를 했어요. 교회 친구들과는 어릴 때부터 같이 놀았으니까요. 그런데 중학교에서 만난 친구들은 제 장애를 이해하지 못했어요. 친구들이랑 같이 못 놀고 가고 싶은 곳에 못 가는 게 참 힘들었던 것 같아요. 통합 교육이 많이 중요하다고 느끼죠.

동료상담은 상담가에 따라 스타일이 다르다. 평소 꼼꼼하게 계획하고 움직이는 걸 선호하는 그이지만 상담할 때만은 일부러 계획하지 않는다. 동료상담의 주제를 정해 놓는 이들도 있지만, 그는 주제가 일종의 제한이 될 수 있다고 생각한다. 자립생활에 대한 청사진을 그리다 보면 억눌려 있던 감정을 미처 발견하지 못하고 지나가 버릴 수 있다. 그가 주로 하는 질문은 기억에 남는 게 있는지, 어떤 생각이 드는지와 같은 것이다. 아예 감정해방에 초점을 맞추고 진행할 때는 특별한 방법을 사용하기도 한다.

감정해방하는 도구가 많아요. 그중에 역할극이라는 게 있어요. 첫번째로는 그 당시로 돌아가서 재연을 해보고, 두번째로는 본인이 못했던 이야기를 해보고, 세번째는 차별한 사람에게 듣고 싶은 말을 들어보는 거예요.

저는 첫번째가 제일 힘들었어요. 그 당시 상황에 이입하니까, 기억하고 싶지 않았던 기억이 떠오르니까요. 그렇게 하고 나면 다 울어요. 힘들었던 기억이 나니까요. 감정해방이 중요해요. 우는 거잖아요. 저는 울고 나면 [그 감정이 많이] 없어지거든요.

만나야 하는 감정의 깊이와 무게 때문에 동료상담 일을 잘해 내기가 여간 쉽지 않다. 호응을 해주시는 분들도 있고 안 해주시는 분들도 계신다. 반응이 좋지 않을 때는 기다리면서 믿음을 주려고 한다. 마음이 열릴 때까지 1년 넘게 걸린 경우도 있다.

동료상담에 적용되는 특수한 룰이 그 관계를 만드는 데 도움을 준다. 내담자가 주로 이야기하는 일반상담과 달리 동료상담은 상담가와 내담자가 비슷한 시간 동안 말한다. 서로 충분히 듣고 이야기할 수 있어야 한다. 상담가라고 비판은 물론이거니와 충고나 조언도 금지다. 타인의 시선에 의해 쉽게 판단되고 묵살당해 왔던 긴 역사가 있기 때문이다.

자신을 곧추세우고 과거의 경험에서 감정을 해방시키는 것만큼 중요한 것이 또 있다. 관계의 재구축이다. 관계만큼 오늘날 한국 사회에서 장애인이 배제되고 있음을 잘 보여 주는 것도 없다. 가정에서는 가족이, 학교에서는 특수학급의 교사가, 사회에서는 시설의 관리인이 주로 장애인의 삶에 관여한다.

관계망이 그다지 넓지 않은 것은 둘째라손 치더라도, 가장 큰 문제는 그들에게 대부분의 관계가 '주어진' 것에 지나지 않는다는 것이다. 진우는 원하지 않는 관계와 거리를 두고 원하는 관계를 새롭게 맺을 수 있다는 것을 알려 준다. 실제로 관계를 재구축할 수 있도록 돕기도 한다.

어떤 핸드폰을 쓸지는 내 마음인데

장애인이 처해 있는 현실을 바꾸기 위해서는 사회가 바뀌어야 한다. 그는 동료장애인들에게 사회를 변혁하자고 말한다. 감정해방, 관계 재구축 그다음으로 사회변혁을 이야기하는 이유다. 그 자신도 사회를 바꾸기 위해 적극적으로 나선다. 공부도 열심히 했다. 목회자를 준비할 때도 공부를 했지만, 장판의 공부는 결이 또 달랐다.

첫 1년 동안은 언어를 습득하는 게 힘들더라고요. 대학원 때도 인문서적을 많이 읽긴 했지만, 기본적으로 사용하는 언어가 너무 달랐어요. 보고서랑 사업계획서 쓸 때도 한참 걸렸죠. 예를 들면 '주일'이나 '일요일'이나 똑같이 쉬는 날인데 '주일' 이란 단어는 안 쓰는 거예요.

또 사회복지 관련 논문이랑 비인간동물이나 생명권 관련 논문도 처음 접해 봤어요. 법도 봐야 하고 제도와 정책도 봐야 했고요. 어렵더라고요. 지금은 많이 봐서 그만한 감흥은 없지만, 처음에는 다 재밌었어요. 장애인의 현실이 암담하게 느껴지기도 했지만, 동시에 어떻게 변화시켜야 하는지 알 수 있었거든요.

그가 비건을 결심하게 된 건 돼지가 도살장에 끌려가서 죽는 영상을 보고 나서였다. 돼지의 생애와 장애인의 생애가 겹쳐 보였다. 그의 'J' 성향은 비건을 시작하며 더 강해졌다. 휠체어가 들어갈 수 있는 식당도 비건 식당도 손에 꼽는데, 휠체어가 들어갈 수 있는 비건 식당은 정말 드물기 때문이다. 철저히 알아보고 난 뒤에야 이동이 가능하다.

장애인도 돼지처럼 태어나서 시설로 보내지고 죽을 때까지 감시와 통제 아래 살아가잖아요. 둘의 공통점은 '선택'이에요. 본인의 의사와 상관없이 보내지니까요. 그곳에는 당사자의 선택권이 없죠.

또 이게 자본주의가 원하는 모습일지도 모른다는 생각을 했어요. 자본이 자본을 낳는 게 자본주의잖아요. 공장식 축산업으로 벌어들이는 돈이 어마어마하다고 하는데요. 장애인 한 명당 나오는 정부 지원금과 수급권비, 장애인 연금 등등, 그 돈도 무시 못해요.

그는 현장에도 열심히 나간다. 〈비마이너〉 홈페이지에서 그의 이름을 검색하면 갖가지 부상 소식을 볼 수 있다. 2023년 8월에는 농성 중에 휠체어가 망가져 약 100만 원의 수리비가 나왔다. 경찰이 무리하게 진압하는 도중에 그의 신체인 휠체어에 손을 댄 것이다. 부상을 걱정하는 나에게 그는 당시를 회상하며 사진 한 장을 보여 줬다. 열댓 명의 경찰에 홀로 둘러싸인 진우의 모습이 보인다. 11 대 1로 싸웠다고, 무용담인 것처럼 너스레를 떨었다.

테러를 당한 적도 있다. 〈전장연〉 사무실에 찾아와 어떻게 해버리겠다고, 조심하라고, 불도 지를 수 있다고 협박한 자가 나가는 길에 1층에 있던 진우에게로 향했다. 동영상에서 진우를 봤다는 이 자는 그를 향해서 온갖 혐오 언사들을 퍼부었다.

1층에서 쉬고 있는데 누가 눈에 살기를 뿜으면서 다가오더니 갑자기 [장애 비하] 욕을 하는 거예요. "△△ △△야 재밌냐?" 하면서. 제가 탈색을 하고 있었으니까 눈에 띄었겠죠. 무섭고 긴장됐어요. [장애인인데] 왜 좋은 핸드폰을 쓰냐더라고요. 어떤 핸드폰을 쓸지는 제 마음인데.

쉬고 있다가 느닷없이 길거리가 투쟁 현장으로 바뀐 순간에도 그는 쉽게 물러나지 않는다. 얻어맞아도, 무서워도 도망가지 않는다. 누군가 혐오 가득한 비난을 퍼부으면 "그건 내 마음이지!" 하며 맞서고, 경찰이 휠체어를 망가뜨리면 경찰의 옷을 찢고, 때로는 깨물고 꼬집기도 한다. 그의 행동은 결과에 별다른 영향을 미치지 않는다. 혐오는 쉽게 이지러지지 않고, 시위나 집회에 언제나 참여자보다 경찰이 훨씬 많기 때문이다. 그래도 그가 쉽게 꺾이지 않는다는 것만은 모두가 알 수 있다.

장애인이 가진 게 몸밖에 없으니까 몸으로 들이미는 거죠.

현장은 자신도 모르는 모습을 끌어내기도 했다. 언젠가 집회 신고를 했는데도 경찰이 불법이라고 막자 화가 난 그와 동료들은 휠체어에서 내려 경찰이 있는 곳까지 기어갔다. 그 다음, 진우는 경찰봉을 잡고 일어섰다. 두 다리로 벌떡! 그는 이 말을 하며 흥분해서 두 눈을 반짝였다. '내게 어떻게 이런 일이!' 하는 얼굴이다. 나도 손뼉을 치며 멋지다고, 헐크 같다고 호들갑을 떤다. 그는 언제 그랬냐는 듯 상기된 얼굴을 가라앉히며 점잖게 말을 이었다.

싸울 땐 확실히 싸워야죠. 나중에 보니까 그때 심박수가 190까지 찍혔더라고요. 그러고는 한 5분 쉬었나? 누가 와서 "진우, 할 거면 빨리 가"라고 해서 또 갔어요.

제1의 유진우

〈전장연〉에서 장애인이 시설이 아닌 지역사회에서 살기 위해 필요한 예산(장애인권리예산)을 요구하며 출근길 지하철 타기 시위를 하던 중, 지하철 타기를 중단하고 삭발 투쟁을 이어 나가던 때가 있었다. 진우에게 머리칼은 무진장 중요하다. 단순 멋 부리기 그 이상이다. 머리칼을 깎으면 정신성이 없어질 것 같다고 느낀다. 그랬던 그가 삭발을 결심할 수 있었던 건 첫 주자였던 이형숙 회장님의 투쟁 결의문을 옆에서 듣다가 감동했기 때문이다.

"21년을 외쳤는데도 장애인이 비장애인과 함께 살아갈 수 있는 세상의 변화는 정말 쥐꼬리만큼씩밖에 이뤄지지 않았습니다. 21년을 장애인도 이동하고 싶다고 외쳤습니다. 21년을 장애인도 교육받고 싶다고 외쳤습니다. 21년을 장애인도 일할 수 있는 기회를 달라고 외쳤고, 21년을 감옥 같은 시설이 아닌 지역사회에서 함께 살고 싶다고 외쳤습니다.

어느 날 갑자기 이준석 국민의힘 당 대표는 장애인에 대한 혐오와 차별을 서슴없이 공론화시켰습니다. 21년을 외친 장애인의 목소리를 하루아침에 깡그리 짓밟아 버렸습니다. 하지만 가장 소외되고 배제되어 온 장애인은 생각보다 단단하고 끈질깁니다.

우리는 21년을 외쳐서 미세하게나마 세상을 바꾸어 내고 있습니다. 공권력으로 세상을 뒤흔드는 사람들에게는 느낄 수 없는 강고한 힘이 우리에게는 내재되어 있습니다. (······)

동지들과 함께라면 혐오와 차별에 맞서 외칠 수 있을 것 같습니다. 누구도 배제되지 않는 세상을 위하여 끈질기게 외치겠습니다." (이형숙, 「투쟁 결의문」 중)

그렇게 진우는 삭발 결의의 열번째 주자가 되었다. 몇 번의 탈색을 거쳐 핑크색까지 도달한 중단발의 머리칼을 밀었다. 뿌리탈색에만 50만 원, 염색에 20만 원을 들인 머리칼이었다. 〈옥바라지 선교센터〉에서 활동하는 황푸하 목사가 당일에 그의 휠체어에 축복식을 해주었다. 원래 축복은 몸에다 하는 거지 물건에다 하는 게 아니므로, 이 축복식은 바퀴가 그의 다리라는 무언의 선언이었다.

"오늘 저는 삭발을 합니다. 저는 머리가 꾸밀 수 있는 유일한 수단입니다. 그런 머리를 밉니다. 그만큼 절박하기에, 장애인권리예산을 보장하라는 게 단순한 외침이 아니라, 저의 머리보다 절박하기에 삭발합니다." (유진우, 「투쟁 결의문」 중)

'삭발 절대 안 하겠다. 진짜 못하겠다.' 처음 마음가짐이었어요. 차라리 단식투쟁을 하겠다고 생각했어요. [한 번 해보고 나니] 생각이 바뀌었어요. 머리칼은 자라더라고요? 지금도 그 사이에 많이 자랐고요. 이젠 단식을 못하겠어요. 근육이 빠지잖아요. (웃음)

그는 이제 집회에서 몸을 사리라는 이야기를 듣는다. 최근에 연행도 됐고, 걸려 있는 사건도 많다. 집회 및 시위에 관한 법률 위반, 일반 교통방해, 기차 교통방해, 특수공무집행방해치상…. 장애운동을 하리라 상상해 본 적도 없었고 이렇게 싸우게 될 거라고도 상상해 본 적 없었던 그다. 아마도 정식으로 발을 내디딘 첫날, 〈서울장애인차별철폐연대〉의 이규식 대표님을 만난 그날, 진우는 자신에게 다가올 운명을 어렴풋이 느꼈을지도 모른다.

이규식: "너 뭐야?"

유진우: "저 장애인인데요."

이규식: "아니, 그거 말고! 끝까지 할 거야?"

유진우: "하겠죠?"

이규식: "경찰에서 연행되면 부모님한테 연락이 갈 건데."

유진우: "일주일 동안 여행 갔다 온다고 하면 되겠네요."

이규식 대표는 장판 안팎으로 유명 인사다. 안에서는 행동대장으로, 밖에서는 한국 최초 뇌변병 장애인의 자서전인 『이규식의 세상 속으로』(후마니타스, 2023)로 알려져 있다. 진우 역시 뇌변병 장애인이고 행동파이며 자서전도 쓰고 싶어 한다. 그를 두고 '제2의 이규식'이라는 사람도 있지만, 그는 그 말을 들으면 질색한다. '제2의 ○○○'이 되고 싶은 생각은 조금도 없기 때문이다. 선배들을 멋지다고 생각하고 그들의 길을 따르지만 그럼에도 그는 타투로 감긴 몸, 헬스로 단련된 몸을 뽐내고 비건을 지향하는 '제1의 유진우'가 될 거다.

저의 개성을 잘 드러내 주는 것은 뭐가 됐든지 해보고 싶어요.

나가며

진우는 매주 화요일 아침마다 혜화역으로 출근한다. 지하철 역사 내부에는 7시 30분부터 수차례 방송이 나온다. '특정 장애인 단체'의 '불법시위'로 불편을 드려 죄송하다는 말이다. 그러나 누가 봐도 사람들의 통행을 방해하는 건 집회 참가자가 아니라, 왜 불법인지 제대로 설명하지 못한 채 승강장을 점거한 경찰과 공사 측 무리다.

역 앞에서부터 경찰이 촘촘히 배치되어 있다. 승강장에는 집회 인원의 열 배가 넘는 제복 무리가 겹겹이 진을 쳤다. 역장을 비롯한 서울교통공사 인사들이 삿대질하고 윽박지른다. 때로는 경찰에게도 빨리 경고 방송을 내보내라고 소리치기도 한다. 가장 먼저는 비장애인들을 끌어낸다. 남은 장애인 당사자의 수는 열 손가락 안에 꼽힐 때도 많다. 몇 되지도 않는 이들을 막겠다고 이렇게까지 해야 하나. 위협할 목적이 아니고서야 이렇게 할 이유가 없다.

글 원고를 마감하기 직전 시위에서는 기자들도 끌려 나갔다. 명함을 보여 줬는데도 무시했단다. 기록 활동가는 물론

이고 기자조차 없으니 경찰로 둘러싸인 승강장에서 무슨 일이 일어나는지 증빙할 방법이 없다. 그 상태에서 진우가 연행됐다. 휠체어에서 넘어지고 누군가의 발에 얼굴이 차여 입술이 터졌다. 오이도역에서 리프트 추락으로 70대 장애인 노부부가 사망한 지 23주기가 되던 날, 지하철에 탑승하는 시위를 하려다 벌어진 일이었다.

피를 흘리며 꼼짝없이 바닥에 쓰러졌지만, 이번에도 가만히 있을 그가 아니다. 그는 다른 사람의 이야기를 들을 때면 고개를 옆으로 갸웃 숙여 집중하지만, 차별과 맞설 때는 격렬하게 살아 있음을 보이는 사람이다. 진우는 자신을 막고 밟는 누군가를 깨물었다. "나 여기에 있다!"는 소리 없는 외침.

이 일로 진우에게 구속영장이 청구됐다. 지난해 우편물을 3일간 제대로 받지 않았다며 주민등록주소지에 거주하지 않았을 가능성이 있다고 한 것이다. 그는 "등기로 보냈나 본데, 저도 직장생활이란 걸 한다. 오후 6시까지 일하고 귀가하면 오후 7~8시인데, 낮에 보내는 우편을 어떻게 받냐"(「경찰 '〈전장연〉 활동가' 영장신청서, 두 번이나 퇴짜 맞은 이유는」, 『경향신문』, 2024년 1월 26일)고 했다.

구속영장은 기각됐다. 서울중앙지방법원이 경찰의 탑승 저지가 정당한 일인지 따져 봐야 한다고 했는데, 그걸 두고 서울교통공사 고객안전지원센터장이 "판사가 정신이 나갔다"

고 했다. 정말 그럴까? 진우에게 구속영장이 청구되자 1시간 30분 만에 2,300명이 탄원서를 냈다. 어떤 일은 아무리 막아 보려 해도 되돌릴 수 없다. 거리에 나선 장애인을 이제 다시 격리할 수는 없다. 진우는 분명, 여기에 있다.

애쓰지 않는 느린 연결

지역의 이웃청년 **총총**

지역에서 활동하고 있는 청년들을 만날 수 있다고 해서 부푼 마음을 가지고 한 콘퍼런스에 참석했다. 내가 참석한 섹션의 주제는 공동체였다. 한 참가자가 공동체에서 발생하는 성폭력 문제를 어떻게 해결하면 좋겠냐고 질문했다. 발표자 일부가 자신들의 사업장에서는 성폭력 문제가 일어날 리 없다고 호언장담했다. 설령 발생한다고 하더라도 정해 둔 원칙에 따라 해결하면 되니 괜찮다고 했다.

성폭력 문제가 어디서든 발생할 수 있다고 생각하는 나로서는 조금 당황스러운 답변이었다. 성폭력 문제는 나에게도 예고 없이 찾아올 수 있다. 그런 순간이 오면 그간 통용되던 원칙이 갑자기 모호하게 느껴지고, 흑백논리로 판단하기 어려운 일들만 남는다. 그러니 정해 둔 원칙에 따라 깔끔하게 해결할 수 있으리라고, 성폭력 문제가 그리 어려운 일이 아니라고 생각할 수 없지 않을까.

이어지는 발표를 들으며 이것이 공동체 사업임을 분명하게 알 수 있었다. '공동체' 사업이 아니라, 공동체 '사업'임을 말이다. 어떤 청년 남성들이 지역에서 청년 사업가가 되었으며, 소멸하는 지역을 위해 헌신한다고 떠받들어지고 있음을 느낄 수 있었다. 실망한 마음으로 남은 시간이 어서 흐르기를 기다리고 있었을 때, 다음 참가자를 소개하며 상기되는 사회자의 얼굴이 눈에 들어왔다. 그리고 총총이 등장했다. 그는 강화도에서 먹고사는 삶을 고민하는 〈청풍〉의 멤버였다.

총총은 지역에서 함께 살 때 겪을 수 있는 어려움에 관해 솔직하게 말하고, 자신들이 찾은 방법을 구체적으로 말했다. 이건 다른 발표와 다르게 '사업'일 뿐만 아니라 '공동체' 이야기이기도 했다. 차분한 목소리와 담백한 언어를 사용한 총총의 발표는 큰 박수를 받았다. 모든 순서가 끝나자 사람들이 그에게 몰려들어 명함을 건넸고, 나도 기꺼이 그런 사람 중하나가 되었다.

강화 논밭길에 빠진 총총

그로부터 약 1년 뒤 어느 추운 겨울날 밤, 강화도 게스트하우스에 네 사람이 모여 앉아 있다. 한 명은 나고, 두 명은 게스트, 나머지 한 명은 호스트인 총총이다. 네 사람은 하루를 돌아보며 누구를 만났고, 무얼 먹었고, 어디에 가서 뭘 보고 왔는지 말한다. 구체적인 사람 이름과 가게 이름, 장소가 등장한다. 마치 내가 경험한 것 같은 느낌이 든다. 여기엔 밤마다 열리는 시끌벅적한 파티는 없지만, 대신 한 사람 한 사람 이야기에 귀를 기울이는 시간이 있다. 〈청풍〉의 게스트하우스에서 '회고'라고 부르는 일이다. 숙박하는 사람들은 밤 9시에 한데 모여 하루를 공유한다.

게스트 A는 이곳을 제2의 집으로 삼았다고 했다. 거의 매일 보던 주짓수장 동료들이 제발 좀 그만 가라고 말릴 정도다. 최근엔 강화의 요가원에 등록했다. 이날도 요가를 하고 온 참이었다. 일산에 사는 사람이 매주 강화의 요가원을 찾는 건 그가 단지 운동광이기 때문만은 아니다. A는 이곳에서 한 주의 피로를 요가 선생님, 〈청풍〉의 멤버들, 지역에서 만난 또 다른 이웃들과 함께 털어내는 것을 즐긴다.

또 다른 게스트 B는 서울에서 아예 이사를 오려고 마음먹었다. 그리고 그날 마침 마음에 드는 집을 발견해서 계약까지 마쳤다고 했다. 들뜬 얼굴로 계약 소식을 전하는 B의 이야기를 들으며 모두가 손바닥이 얼얼하게 손뼉을 쳤다. 나는 처음 본 낯선 사람의 이주를 이렇게 진심으로 축하할 수 있다는 걸 그날 처음 알았다.

회고는 그런 자리다. 이야기를 나누며 함께 기뻐하고 아쉬워하다 보면 혼자 왔던 여행일지라도 혼자만의 여행이 아니게 된다. 덕분에 '강화' 하면 떠올릴 수 있는 몇 개의 스토리가 더 생기기도 한다. 내게는 그날 총총에게 들은 이야기가 인상 깊게 남아 있다.

총총의 차에는 '초보운전'이라는 딱지가 앞뒤, 양옆으로 붙어 있다. 같은 단체 멤버인 결(인터뷰가 이 책의 92쪽에 실려 있다)의 아버지가 차를 바꾸면서 주신 차다. 하얀색 SM3는 여기저기 파이고 긁혀 있다. 보이지 않는 아랫면도 마찬가지다. 방지턱에 너무 받힌 탓에 밑판이 떨어졌다. 임시방편 삼아 (수리할 가능성이 작으니 임시방편이라고 부를 수 없을지도 모르겠지만) 본드로 붙여 놨다.

그가 운전을 시작한 지는 2년이 넘었다. 그럼에도 그가 초보운전 딱지를 떼지 않은 건 그의 운전 스타일이 한국에서 대중적이지 않기 때문이다. 예전에 스페인 남부에 갔을 때 범퍼가 덜렁거릴 정도로 앞뒤 차를 들이받으며 주차하는 사람을 많이 봤다. 총총 역시 차의 범퍼를 정말 충격 흡수용 부품으로 사용하는 사람 중 하나다. 그는 전봇대에 차가 부딪치면 '아, 전봇대네' 하고, 주차장 벽에 차를 받으면 '음, 주차가 다 됐군' 한다.

강화의 논밭길은 폭이 좁고 굴곡진 곳이 많다. 운전을 잘

하는 사람도 두 손으로 운전대를 꽉 쥐어야 할 정도다. 총총이 그런 곳에 차를 빠뜨리는 건 거의 필연에 가까웠다. 그는 이번에도 차가 논두렁에 빠지고 나서야 '아, 논두렁이었구나' 했단다. '이걸 어쩐담' 하던 찰나에 웬 아저씨들이 나타났다. 텅 비어 보이던 논밭에서 갑자기 나타난 것이 마치 땅에서 솟았나 싶을 정도로 난데없었다. 아저씨들은 논두렁에 빠진 차의 꽁무니를 잡아 번쩍 들어올려 놓고는 다시 모습을 감췄다. 총총이 놀랄 새도, 차에서 내려서 감사하다고 인사할 새도 없었다.

〈청풍〉 사람들의 말에 따르면 강화는 완벽하지 않지만, 그래도 언제 어디선가 이웃을 만날 수 있는 곳이다. 〈청풍〉에서 일하면서 강화에 살기 시작했다. 지금 세 명의 동료들과 함께한다. 운영하는 공간은 다섯 개다. 게스트하우스가 세 채 있고 지역 굿즈샵인 '진달래섬', 그리고 여행자들이 모일 수 있는 '강화유니버스 라운지'가 있다. 이를 통틀어 사람들은 '청풍'보다 '강화유니버스'라고 부르는 데 익숙하다. 숙박과 여행, 워크숍과 행사 등을 통해 타지 사람들과 강화의 이웃들을 연결하는 일을 하기 때문이다. 강화도에서 적극적으로 이웃을 만나고 공동체를 꾸리는 일, 그러니까 '유니버스'를 만드는 일이다.

강원도? 좋지!

총총은 서울 토박이다. 그의 서울살이에 문제가 생긴 건 첫 취직을 한 뒤였다. 조직 내의 수직적이고 위계적인 분위기, 그리고 거기서 발생하는 불합리한 일들을 감당하기가 어려웠다. 그 무렵 원가족으로부터 독립하고 싶다는 생각도 했는데 사회초년생에게 서울 집값은 너무 비쌌다. 회사에서도 집에서도 답답했다. 앞으로도 계속 이렇게 살아야 하는 건가, 막막했다. 직장 동료들과 〈청풍〉에서 운영하는 게스트하우스에 놀러 오게 된 건 그 즈음이었다.

> 별생각 없이 직장 동료들을 따라왔어요. "강화에 가자"고 했는데 제가 강원도라고 들은 거예요. "강원도? 좋지! 동해도 보고~" 하면서요. 막상 와봤더니 북한이 보이고 바다는 서해고 그렇더라고요. (웃음)
> 그때 처음으로 〈청풍〉 멤버들을 보면서 서울이 아니라 다른 데서도 살 수 있구나, 알게 됐어요. 새로운 멤버 구한다는 말을 들어서 내가 퇴사하고 갈 테니까 받아 달라고 러브콜을 보냈어요. 거의 매달렸죠.

강원도라고 들을 정도로 강화도를 몰랐던 그가 이곳에

자리 잡게 된 것은 순전히 사람들 때문이었다. 총총이 강화에 왔던 2017년은 〈청풍〉이 만들어진 지 4년차가 된 해였다. 멤버들이 지역 상인들과 관계를 어느 정도 쌓은 상태였고, 안정적인 수입 모델을 찾아 일을 벌이며 좌충우돌하던 시기였다. 총총은 잠시 머무를 생각이었다. 일종의 워킹홀리데이라고 생각했다. 대학원을 가기 위한 작업을 하다가 다시 서울로 가야겠다 싶었다. 그러나 시간은 훌쩍 흘렀고, 벌써 강화에 온지 7년이 다 됐다. 왜 떠나지 않았냐는 질문에 그는 이렇게 대답했다.

여기서는 또래 친구들이랑 같이 일을 하니까 수평적이기도 한데요. 무엇보다 재밌었어요. 같이 복작복작 삶을 만들어 가거든요. 주체적으로 산다는 느낌을 받는 것도 좋았어요. 지금 생각해 보면 먹고살기 위해 실험을 했던 거였는데, 당시 저에게는 이런 일도 하고 저런 일도 하는 게 다채롭게 느껴진 거죠. 매년 해야 하는 프로젝트들이 달랐거든요.

제가 왔을 땐 이미 동네 상인분들하고 관계가 쌓여 있는 상태였어요. 처음 한 일이 동네에서 플리마켓이랑 원데이 클래스를 만드는 일이었는데요. 동네 커피집에 가서 "테이블 하나 빌려도 돼요?" 하면 "네, 쓰세요" 하시고 또 다른 가게에 가서 "여기서 요가 클래스 열어봐도 돼요?" 하면 "네. 열쇠 드릴 테니까

에어컨 이렇게 켜시면 돼요" 했어요. 그냥 다 주는 거예요. 상인분들에게도 "같이 하실래요?" 하면 무조건 한다, 무조건 간다, 이런 분위기였어요. 그게 너무 신기하고 재밌었죠. 일상에서 동네 사람이라는 존재가 보일 수 있구나, 그런 삶을 살 수 있구나, 처음 느꼈던 것 같아요.

게스트하우스는 〈청풍〉 원년멤버들이 친구들에게 방을 내어주면서 시작됐다. 점점 찾아오는 사람들이 늘어나자 남자 다섯이 한 방에 자면서 나머지 방 한 칸에 게스트하우스를 열었다. 자연스레 멤버들이 강화에 놀러 오는 이들에게 지역을 안내했다. 그러나 곧 너무 바빠졌고, 지역 주민들이 그들을 대신해서 안내자 역할을 맡아 주었다. 지역 사람들과 타지인들의 만남은 그렇게 시작됐다.

그 시각 〈청풍〉 멤버들은 강화풍물시장에서 화덕피자집을 열고 온몸으로 구르는 중이었다. 이탈리아 화덕피자를 만드는 일도, 타지인이 다수인 단체가 지역의 상인들과 함께 지내는 일도 쉽지 않았다. 당시 풍물시장은 한 달에 딱 하루 쉬었다. 그 하루 동안 상인들은 다음날 장사를 준비하거나 병원에 갔다. 그러니 〈청풍〉 멤버들이 가게 문을 닫고 하루 같이 놀자고, 축제를 열자고 했을 때 상인들에게 되도 않는 소리라는 말을 들을 수밖에 없었다.

멤버들은 상인들에게 빼빼로데이에 빼빼로를, 어버이날에 카네이션을 선물하며 조금씩 가까워졌다. 상인들의 관광 여행 길에 함께 올랐고, 직접 구운 피자를 대접하고 상인들의 식당에서 밥을 얻어먹었다. 합창단이랑 난타 동아리를 만들어서 양로원에 공연을 가고 축제 무대에도 섰다. 시장 축제는 그 시간들이 쌓이고 또 쌓인 끝에 열렸다. 다 같이 옷 색깔을 맞춰 입고 춤도 추고 악기도 두들기고 퍼레이드도 했다. 상인의 속을 모르는 철부지 기획자가 아니라 '같이 장사하는 아들, 딸'이 되었기 때문에 가능했다.

총총이 〈청풍〉에 들어왔을 때 풍물시장의 상인들에게서 동네 사람, 이웃의 모습을 발견한 건 그 시간들 덕이었다.

상인분들이 밥때가 되면 항상 슥 오셔서 밥 먹자고 하셨어요. 제가 칼질하는 거 보시고는 그렇게 하면 어떡하냐고, 옆에서 다듬는 것도 도와주셨고요. 서울에서는 원가족 아니면 다른 세대랑 교류할 일이 없었어요. 할머니랑도 일 년에 몇 번 안 본단 말이에요. 그러다가 강화에 오니까 다른 세대랑 부대껴 지내는 게 되게 따뜻하게 느껴지더라고요. 지금도 배고파서 시장에 가면 그냥 밥을 주세요. 종종 그냥 밥만 먹으러 오라고도 하시고요. 그게 되게 마음에 안정감을 줘요.

이웃이 일상을 바꾼다

지금은 친구라고 쓰는데요. 처음 SNS에 게시글 올릴 때나 뉴스레터 보낼 때 '여기 와서 이웃을 만들어 보세요', '다정한 이웃들이 여러분을 기다리고 있어요'라고 했어요. 근데 '이웃'이라는 말이 안 먹히는 거예요. 사람들에게 그런 감각이 없을 수 있겠구나, 싶었어요. 저도 여기에 와서 이웃이라는 감각을 좀 알게 된 것 같거든요.

그는 서울의 한 동네에서 25년을, 그중에서도 한 건물에서 15년을 살았다. 그러는 동안 주변에 누가 사는지 궁금하지 않았다. 동네 친구도 없었고 괜찮다 싶은 가게는 금방 없어졌으므로 단골 가게도 없었다. 그런 삶이 너무 당연해서 이웃이 있었으면 좋겠다는 생각 자체를 하지 않았다. 그가 강화에서 지낸 시간은 서울에서 지낸 시간의 3분의 1 정도 되지만, 지금 그는 주위에 누가 사는지, 이웃들이 어떤 삶을 살아가고 있는지 술술 읊을 수 있다. 물어도 물어도 끝없이, 매번 새로운 이야기를 들려준다.

금풍양조장이라고 있어요. 거기는 100년 정도 됐어요. 할아버지부터 아버지에 걸쳐서 지금 사장님이 양조장을 하고 계세요. 건물도 예전 건물 그대로예요. 막걸리는 탄산이 없고 우유처럼 부드럽고요.

카페 희와래 사장님들은 가을에 카페 자리를 알아보러 오셨어요. 그 땅 앞이 논이에요. 지금은 겨울이고 다 밀어서 안 보이지만 가을에 바람이 불면 어린 왕자 머리칼이 흩날리는 것처럼, 그렇게 흔들리거든요. 그 모습에 반해서 오셨대요. 겨울이었으면 안 오셨을 수도 있어요. (웃음)

〈청풍〉은 강화 사람들의 스토리를 발굴하는 데 적극적이다. 사진작가와 함께 강화 소창과 강화 화문석(왕골로 만든 돗자리) 작업을 사진집으로 각각 담아냈다. 지역 산업을 홍보하기 위해서가 아니라 "일과 삶이 결합되어 살아온 한 세대의 삶, 나아가 지역의 삶을 기록"(『왕골』 사진집 소개글 중)하기 위해서였다. 그렇게 소창 사장님, 화문석 사장님과 관계가 쌓이고 그분들의 작품을 강화유니버스에 들여왔다. 굿즈샵 진달래섬에서는 사진집과 함께 소창으로 만든 수건과 왕골로 만든 그립톡을 판매한다. 소창 수건은 게스트하우스의 비치품이라 게스트들은 모두 한 번씩 사용해 보고 간다.

서울에는 문화 예술 소스가 다양하잖아요. 즐길 거리도 너무 많고요. 그런데 제가 서울에 살았을 때는 그게 일상을 바꾼다는 느낌은 아니었거든요. 여가 시간이라는, 소비하고 즐긴다는 느낌에 더 가까웠어요. 매일매일의 일상은 그대로 있었으니까요.

하지만 풍물시장은 공간 자체가 어머님들이 항상 일하던 곳이잖아요. 매일 평상복을 입고 김치를 무치는 공간인데, 거기서 분장하고 북을 치면서 퍼레이드를 했어요. 내가 살았던 일상적인 시공간이 전환되고 뒤집히는 경험인 거죠. 일상적인 공간이 비일상적인 공간으로 탈바꿈되었다가 다시 거짓말처럼 일상으로 돌아오면, 거기서 일상을 살게 되는 힘을 얻을 수 있어요.

감자탕집 사장님은 도시에 나가서 시험공부를 하다가 다시 강화로 와서 장사를 하고 있거든요. 돌아오니까 내가 예전에 봤던 그 바다가 나를 항상 기다려 주는 것 같았대요. 싱어송라이터들과 작업해서 그 이야기를 곡으로 만들었어요. 이야기가 노랫말이 됨으로써 자신의 삶이 예술이 되는 경험, 삶을 스스로 다시 돌아볼 수 있는 시간이 되는 거예요. 일상을 다시 보고, 일상과 비일상을 전환시키며 삶을 환기하니까요.

"연미정 파도가 내게 드리울 때
내 오래된 기억들이 다시 떠올랐었어
난 언젠가 다시 이곳으로 돌아오겠다고

그때엔 내가 멀리 달아나려 했었던

(……)

너를 알기도 더 전에 내가 태어나고 자라왔던 곳

정겨운 풍경처럼

있는 그대로의 날 좋아해 줄 옛 친구들

절대 변하지 않을 것들

(……)

나 이제는 너와 이곳에서

살아가겠다고"

(후추스, 「연미정」 중)

이들은 지역 사람들의 이야기를 쉽게 소모하거나 단기간에 축약하는 작업을 지양한다. 소창 사장님, 화문석 사장님, 감자탕집 사장님의 이야기를 충분히 들은 이유다. 사진작가와 싱어송라이터들은 강화에 머물면서 동네 사람들을 자꾸 만나고, 동네 이야기를 들으며 그들의 삶을 조금씩 이해해 갔다. 어떤 이는 그들과 연결되었다고 느꼈고, 사는 곳이 마음에 미치는 영향에 대해서 처음 생각해 봤고, 강화에 이주하는 상상도 했다.

〈청풍〉이 지역 사람들의 이야기를 듣는 일과 이야기를 예술로 만드는 일, 그리고 예술가들을 초대해서 프로젝트를 함께 꾸려 가는 일을 할 때 꼭 지키는 원칙이 하나 있다. 〈청풍〉 멤버들을 포함해 지역 사람, 예술가 모두에게 진짜 의미가 있을 때만 일을 진행한다는 거다. 그래서인지 〈청풍〉과 함께 일을 한 아티스트들은 또 강화를 찾는다. 아름다운 풍광이나 취향에 맞는 맛집 때문이 아니다. 프로젝트를 함께하는 과정에서 만나게 된 나무, 거리, 집, 그리고 친구가 된 지역 사람들이 이들을 다시 강화로 불러들인다.

가장 중요하고도 가장 어려운 일

〈청풍〉은 강화에서 발굴한 이야기가 강화를 찾은 사람들에게 가닿을 수 있는, 강화에 방문한 사람들이 강화의 면면을 만나볼 수 있는 시공간을 만든다. 이때 가장 중요한 건 환대다.

게스트하우스에 오시는 분들하고 매일 회고를 하잖아요. 사람들은 어디 유명한 관광명소를 다녀온 것보다도 강화 어디를 여행하면서 누구랑 친해졌거나, 어떤 분에게 호의를 받은 일, 길에서 만난 할머니랑 얘기 나눈 일을 인상 깊게 기억하더라고요. 그런 걸 보면서 지역에서 중요한 건 작은 인사나 작은 환대구나, 하는 걸 느끼는 것 같아요.

〈청풍〉은 이곳에 얼마나 많은 사람이 이주해 올 수 있느냐 하는 양적인 지표가 아니라, 얼마나 새로운 구성원을 맞이할 수 있느냐 하는 질적인 지표를 따라간다. 그래서 이 지역이 얼마나 환대의 정서를 가질 수 있느냐 하는 것 역시 중요한 지표가 된다. 강화에 사는 사람과 강화에 오는 사람이 서로를 환대하기 위해선, 한 사회가 환대하는 감각을 갖기 위해선 그저 '우리 환대합시다' 하고 말하는 것만으로는 부족하다. 〈청풍〉은 어떤 사건을 통해 많은 시간과 노력, 그리고 마음을 거기에 쏟아야 한다는 것을 알게 됐다.

몇 년 전, 지역에 성폭행 사건이 있었어요. 피해자가 고소하는 과정을 1년 정도 저희가 쭉 같이했고, 지금도 계속 지지하고 있어요. 그러면서 지역 안에서 단순히 재밌거나 잘 즐기는 것뿐만이 아니라 서로에게 안전망이 되어 주고 공통의 가치관을 쌓아 갈 수 있는 문화를 만드는 것이 중요하구나, 하는 생각을 하게 됐어요.

성폭행 사건은 가해자와 피해자 단둘만의 일일 수 없었다. 지역에서 함께 일상을 만들어 가던 이웃들의 관계가 크게 변했다. 가해자는 〈청풍〉과 사적으로도 일적으로도 가까운 사이였다. 총총은 친한 사람이 이런 일을 했다는 사실을 받아들이기 어려웠고, 사건 이후 가해자의 비릿한 대처를 목도하는 것도 당혹스러웠다. 주변에서 2차 가해가 발생했고, 복잡한 일에 연루되고 싶지 않다며 〈청풍〉과 멀어진 사람들도 있었다. 〈청풍〉을 그만해야 될 때가 아닌가, 지역에서 이렇게 해온 게 괜찮은 건가, 고민하는 멤버도 있었다. 총총에게 이 사건은 '인생에서 엄청 큰 사건'이 됐다.

맨날 멤버들에게 이게 무슨 의미가 있는지 모르겠다고 얘기했어요. 우리가 커뮤니티를, 이웃을 만드는 게 의미가 있나. 이런 사건이 한 번 터지면 와르르 무너지는 관계가 아닌가. 제가 되게 좋아하고 아끼던 친구들이었거든요. 허무한 마음이 컸어요. 내가 하고 있는 일에 의미가 있나 싶었죠. 우울하고 불안해지면서 상태가 안 좋아졌어요.

피해자가 고소한 지 1년 후, 직접 고소를 취하하면서 사건이 종결됐다. 이제 그만해도 되겠다, 충분히 싸운 것 같다고 했다. 고소 과정이 피해자에게 괴로운 시간이라는 건 너무 잘 알려져 있다. 피해자 옆에서 함께하는 사람들이 쉽지 않은 시간을 보내게 되는 것 또한 피해자를 심적으로 압박하는 요인 중 하나다. 피해자가 고소를 취하하는 결정을 내리기까지 피해자를 비롯해 얼마나 많은 이들이 마음앓이를 했을지, 어떤 모양새로 삶이 뒤틀렸을지 다 알 수 없다.

성폭력 사건이 발생한 지 몇 년이 지났을지라도, 법적으로는 종결되었을지라도, 그 일은 여전히 총총의 삶 위로 불쑥불쑥 튀어오른다.

물론 싸우는 과정에서 의미가 있었지만, 법적으로 사건은 '혐의없음'으로 끝났거든요. 거기서 오는 패배감이나 혐오감 같은 것도 있는 거예요. '이게 진짜 피해가 아닌 건가?' 하는 생각을 많이 했어요. 그리고 가해자가 동네 사람이니까 길에서 마주쳐요. 화가 나고, 텐션이 확 떨어지고, 무력감을 느껴요. 오가며 2차 가해 얘기도 계속 듣게 되고요.

여전히 폭력에 노출되어 있는 기분이 들어요. 사건이 종결된 지 1년밖에 안 지났거든요. 회복하기가 되게 힘든 것 같아요. 아직도 버거울 때가 많단 말이에요. 일하는 것뿐만 아니라 일상을 살아가는 것 자체가요.

총총은 회복 중이다. 얼마나 걸릴지 모른다. 그래서 다시 한번 더 같은 질문을 반복할 수밖에 없었다. 이 상황에서도 강화를 떠나지 않았던 이유는 뭐였을까?

처음에는 여기서 뭔갈 같이 해결해야 되겠다고 생각했어요.

너무 충격을 받으니까, 여기를 떠나서 다른 걸 해나갈 에너지도 없었고요.

그런데 요즘 생각해 보니 예전 직장에서도 성희롱 사건이 끊임없이 있었거든요. 그걸 제대로 해결하지 않고 피해자가 이탈해서 끝나는 경우를 많이 봤어요. 내가 다른 데 가서 또 이런 일을 안 겪을 수 있을까? 그나마 여기가 건강하게 회복할 수 있는 곳이 아닐까 싶어요.

여기서는 다 함께 공동의 문제로 인식하면서 변화를 만들려고 해요. 사건 이후로 되게 많은 게 변했단 말이에요. 안전망을 만들었고, 이런 일이 생기면 대처할 수 있는 시스템도 만들었어요. 그걸 함께해 주는 사람들이 있었거든요.

지역에서 오래 사는 법

성폭력 사건 뒤, 〈청풍〉 멤버들은 함께 성인지감수성 교육을 받고 동네에서 익숙하게 넘겼던 문화를 되짚어 보기 시작했다. 돌이켜 보니 그간 이웃들과 함께 좋은 시간을 보내기도 했지만, 차별적인 언사나 편견이 담긴 시선을 만나 오기도 했다는 걸 알게 됐다. 여자 멤버들은 비싼 옷을 사줄 테니 아저씨와 데이트하자는 말, 노총각을 소개시켜 줄 테니 연애해 보라는 말을 종종 들었다. 청년들이 강화에 터전을 잡은 것 자체를 실패한 삶으로 간주하는 시선과 타지 출신 사람을 차별하는 말("너 강화 사람이야?")도 있었다.

좋은 마을이 되기 위해서는, 장기적으로 같이 살기 위해서는 마을이 변해야 했다. 함께 일하려면 필수로 이수해야 한다는 구실을 만들어 성인지감수성 교육을 권했다. 약속문을 만들어서 상호 높임말을 쓰도록, 학력·나이·재산·외모 등을 지칭하는 말은 유의해서 쓰도록, 동의하지 않은 신체접촉을 하지 않을 수 있도록 유도했다. 개개인의 잘잘못을 가리고 처벌하기보단 공동의 문제로 삼고 새로운 감각이 지역 문화에 스며들었으면 했다. 누구나 실수할 수 있다고, 그래도 계속 같이 가 보자는 마음을 담았다.

환대는 비단 강화에 사는 사람뿐만 아니라, 강화에 오는 사람도 가져야 하는 마음가짐이다. 지역에 오는 사람들은 지역의 문화를 존중하고 아낄 필요가 있다. 강화에 사는 사람들에게 약속문을 쥐어 주듯이, 강화에 오는 이들에게도 약속문을 전달한다. 강화의 삶과 업을 존중할 것, 작은 생명을 소중히 할 것, 지역 상점을 이용할 것, 쓰레기를 줄일 것. 이 내용이 재밌게 담겨 있는 웰컴 퀴즈도 있다. 〈청풍〉의 게스트하우스에서 머물거나 프로그램에 참가하려는 사람이라면 누구나 오기 전에 꼭 풀어야 한다.

동네에서 친구들과 함께 워크숍도 열었다. '여기서 마음을 붙이고 오래 살려면 어떤 게 필요할까?' 물었을 때 나온 키워드 중 11개를 꼽아서 '뉴로컬 키워드'를 만들었다. 뉴로컬 키워드 포스터는 〈청풍〉의 공간을 비롯해 동네 가게들 이곳저곳에 붙어 있다.

- 로컬: 내가 사는 동네를 아끼고 존중합니다.
- 주체성: 자신의 삶을 주도적으로 만들어 갑니다.
- 존중: 우리 모두 서툴다는 것을 인정하고, 도우며 살아갑니다.
- 다양성: 각자의 개성을 멋지게 바라봅니다.
- 소통: 소통은 이야기를 듣는 것부터 시작합니다.
- 재발견: 특별함은 우리들의 평범한 이야기 속에 있습니다.
- 생태: 생태의 다양성을 인정하고 공존하는 마음으로 살아갑니다.
- 환경: 개개인의 작은 환경실천을 응원하고 지지합니다.
- 안심: 편하게 서로를 만날 수 있도록 배려힙니다.
- 즐거움: 재밌는 일은 함께해야 즐겁습니다.
- 연결: 우리는 모두 연결된 이웃입니다.

총총에게 가장 좋아하는 키워드를 물었더니 '안심'이라고 대답했다.

저는 재미를 되게 중요하게 생각하는 사람이었거든요. 어떻게 하면 더 재밌을까? 더 즐거울 수 있을까? 그런데 성폭행 사건이 일어나면서 재미가 있으려면 서로 존중하고 내가 안심할 수 있는 분위기가 있어야 하는구나, 그래야지 마음 붙이고 오래 지낼 수 있구나, 하는 게 중요한 화두로 떠올랐어요. 제 삶이 많이 변했죠.

〈청풍〉은 지역민에게도 타지인에게도 함께 변해 보자며 역동을 만들고자 한다. 거대해 보이는 이 작업을 어떻게 꾸준히 해나갈 수 있을까 싶지만, 듣다 보니 이들에게 믿는 구석이 있다는 걸 알게 됐다. 강화유니버스의 변화는 이렇게 이루어져 왔다.

당장 엄청나게 바뀌는 건 못 느끼지만, 뉴로컬 키워드를 발신함으로써 이전에는 오지 않던 게스트분들이 강화에 오거든요. 텀블러를 쓰시는 분들이나 비건을 지향하시는 분들, 그러니까 뉴로컬 키워드가 화두인 분들이 많이 오는 거예요.
저희와 결이 맞고 비슷한 대화를 할 수 있는 분들이 지역에서 주민들을 만나니까 조금씩, 천천히 변화하고 있는 것 같아요. 가령 강화에 비건 옵션이 가능한 식당이 꽤 많아요. 처음에는 밴댕이 무침에 밴댕이를 빼 달라고 하면 '그게 도대체 뭐냐, 뭘 먹는 거냐' 그랬는데요. 이제는 '너희는 풀떼기?' 이러면서 그냥 해주세요. 조금씩 받아들여지고, 익숙한 게 되어 가고 있어요.

저희도 신기하죠. 아예 비건 메뉴를 만들어 주신 곳도 있어요. 그래서 저희가 비건 지도를 만들었어요. 서울에서 온 사람들이 그래요. 우리 동네에는 비건 식당이 하나도 없는데 강화에 왜 이렇게 많냐고요.

오신 분들이 여기서 텀블러를 썼을 때 이 지역이 달라진다고 저는 느끼거든요. 그분들은 그냥 텀블러를 들고 돌아다니는 거겠지만, 그거를 보면서 카페 사장님도 동네 사람들도 텀블러를 든 모습에 익숙해지는 거잖아요. 길게 봤을 때 그런 게 지역을 변하게 한다고 저는 생각해요.

우리는 시간으로 작업한다

이들이 지역에서 문화를 일궈 나가는 방법은 계몽도 교육도 아니다. 그나마 가장 가까운 단어를 골라 보자면 이곳과 저곳의 '연결'이다. 〈청풍〉이 지역에서 물적으로 큰 지원이나 후원을 받지 못했다는 이야기를 들었다. 그럼에도 10년이나 이 일을 계속할 수 있었던 건 관계를 소중한 자원으로 삼았기 때문이다. 여전히 〈청풍〉에서 가장 풍부한 자원은 관계 자원이다. 이들은 관계 안에서 살고 관계를 통해서 일한다.

더 이상 화덕피자집은 안 하지만, 아직도 〈청풍〉 멤버들이 풍물시장에 가면 상인들이 그들을 반갑게 맞이한다. 가는 길마다 이 시간에 왜 왔냐고, 한마디 붙이고 들렀다 가라고 붙잡는다. 식사 후엔 먹다 남긴 음식에 방금 막 한 겉절이까지 같이 싸 주냐고 묻는다. 환호하는 멤버에게 비닐을 뜯어 주며 직접 겉절이를 싸 가라고, 분주히 다른 손님의 음식을 준비하며 말한다.

풍물시장에서 자리 잡으며 지역에 뿌리내리는 데만 7년의 시간이 들었다. 지역에서 환대받기까지 10년이 걸렸다고, 그래서 10년이 된 지금에서야 비로소 진짜 시작이라고 느낀다. '우리는 시간으로 작업한다'고 말하는 이들은 연결되는 과정 자체에 공을 들인다.

[지역 사람들과] 처음부터 너무 친해지려고 하거나, 대단한 거를 하려고 하지 않았던 것 같아요. 커뮤니티를 만드는 거나 관계가 형성되는 데에는 단계가 있으니까요. 아주 사소한, 정말

사소한 것부터 시작했어요.

그냥 인사만 하는 사이로 지내다가 "게스트하우스에서 하는 프로그램에 오셔서 게스트분들하고 얘기하실래요?" 해요. 또 "인터뷰 한번 해도 될까요?" 해서 뉴스레터에 싣고요. 그러다가 아예 "협업 같이해 보실래요?" 그랬어요. 천천히 했죠. 이렇게까지 하기에 시간이 적어도 5년, 10년은 걸린 것 같아요.

[게스트들하고도] 뭔가를 억지로 하거나 갑자기 변화를 주거나 하지 않아요. 캠페인처럼 '뉴로컬 키워드를 모두 지향합시다!', 이렇게 하지 않죠.

저희가 강화에 사는 이유도 방향과 속도를 찾아서 거기에 맞게 살려고 하는 거니까요. 우리가 뭔가를 하자, 변화를 만들어 보자고 할 때 거기에 동의하지 않거나 그게 버거운 사람도 있을 거잖아요. 그래서 하고 싶은 걸 할 수 있는 만큼만 하자는 바람이 있어요.

대단한 사명을 짊어지지 않아도, 할 수 있는 만큼만 하자고 마음먹어도 할 일은 많다. 아니다. 오히려 사명을 앞세우지 않기에 할 일이 더 많을지도 모른다. 서로 속도와 방향이 맞는지 확인하면서 함께 가기 위해서는 훈련된 감각이 필요하다.

억지로 하려고 하거나, 너무 급하게 하려고 하면 결국 다 어긋나게 된다고 생각해요. 너무 비장하지 않게, 그냥 할 수 있는 만큼만 하려고 하죠. 각자의 속도나 방향을 존중하면서요.

이곳을 찾는 사람들은 느리게 변화하고 연결되는 것을 어떻게 느낄까? 2023년 겨울, 2주 동안 서울 성수에서 〈청풍〉의 팝업스토어가 열렸다. 강화의 특색을 담은 기념품, 먹거리 등을 선보이고 프로그램도 열었다. 지역에서 〈청풍〉과 협업하는 상점만 100곳이 넘는다. 그중 오랫동안 관계를 맺었던 분들을 초대해서 워크숍을 부탁했다. 고맙게도 모두가 흔쾌히 수락해 줬다.

누가 찾아올까, 총총은 기대보다 걱정이 더 앞섰다. 그러나 그의 예상보다 더 많은 사람들이 찾아왔다. 물리적으로 강화 밖에 있는 사람들과 연결되어 있다는 것을 직접 확인할 수 있는 시간이었다.

사실 불안했단 말이에요. 다들 바쁠 텐데 안 오면 어쩌지 했거든요. 그런데 저희랑 알고 계신 분들뿐만 아니라 예전에 왔던 분들까지 오시는 거예요. 4년 전에 왔던 분들도 인스타 팔로우하고 있다가 오셨다고 하더라고요. 몇 번이나 와주신 분들도 있었어요.

게스트분들에게 여기는 그냥 강화도의 게스트하우스인 거잖아요. 강화의 게스트하우스가 서울에서 뭔가를 하는데 왜 가고 싶은 마음이 들까? 그 마음은 뭘까? 되게 놀라웠어요.

그 마음이 뭔 것 같냐고 되물었다.

그냥 지나가는 관계, 한 번 볼 사이가 아니라 쌓여 가는 관계, 계속 갈 인연이라고 생각해 주시는 것 같아요. 저희도 그걸 지향하면서 살고 일하기도 하고요. 근데 원한다고 다 되는 건 아니잖아요. 이번에 오시는 걸 보면서 우리가 원하는 게 진짜 되고 있구나, 우리가 이곳을 같이 만들어 가고 있구나, 하는 걸 느꼈어요. 감동이었죠.

강화에 살든, 살지 않든 이 세계관에 공감하는 사람들은 전부 다 강화유니버스 이웃인 것 같아요. 뉴로컬 키워드를 구현해 가고 싶은, 말랑말랑하게 연결되어서 살아가고 싶은 그런 세계관의 이웃이요.

길고양이를 살피는 분위기

강화유니버스에 오는 사람들은 계속 이곳을 찾는다. 팝업스토어에서 진행한 워크숍 중 하나는 게스트하우스에 8년째 찾아오고 있는 게스트가 맡기도 했다. 그는 〈청풍〉에 가면 강화를 여행하는 게 아니라 강화의 일상을 경험하게 된다고 말했다. 그가 이곳의 매력으로 꼽은 건 일종의 단단함이었다. 정부의 지원이 끊기면 끝날 것 같은 지역 청년팀들이 있는데 이곳은 그렇지 않을 것 같단다.

끝없이 변하는 모습도 놀라운 지점 중 하나라고 했다. 그는 총총이 〈청풍〉에 들어왔을 때쯤 이곳의 감수성이 달라졌다고 회상했다. 그에 따르면 일명 '길고양이를 살피는 분위기'가 생겼단다. 세심하게 서로를 돌보고 커뮤니케이션을 신경 쓰는 느낌이 생겼다는 말이다. 사실 길고양이 밥은 총총이 들어오기 전부터 챙겨 주고 있었다. 하지만 그게 전면으로 드러나며 〈청풍〉의 고유한 분위기로 자리 잡을 수 있었던 건 총총 덕분이지 않았을까, 생각해 본다.

여성 멤버들이 들어온 다음에는 지역의 청소년, 청년들과의 연결도 가시화됐다. 구성원 전원이 남성이었던 조직이 여성 멤버를 받아들이고, 그다음으로는 지역 출신 청년, 청소년과 작업을 함께하게 된 셈이다.

전 대표인 마담이 조직이 살아 움직이려면, 생명력을 가지려면 다음 세대 친구들이 뭔가를 해나가야 한다, 다음 세대에 열려 있어야 한다고 했어요. 다음 세대를 위해서 자산을 공유해야 한다고요. 저는 '아니, 우리가 가진 게 없는데 다음 세대를 위해서 뭘 줘야 된다는 거지? 이러다 다 죽는 거 아니야?'라고 생각했거든요.

그런데 실제로 같이해 보니까, 같이 동고동락하면서 기쁨과 슬픔을 나누니까 삶이 되게 풍성해지는 거예요. 성폭력 사건 가해자에 대해서도 저는 가끔 이상한 말을 하긴 하지만 착한 사람, 이렇게 생각했거든요. 그런데 다음 세대 친구들은 전부 터 그 사람에게 여성 혐오가 있다고 느꼈대요. 그걸 보면서 우리가 고여 있었구나, 하는 생각도 하게 됐어요.

작년부터는 아예 청소년 대상으로 게스트하우스 프로그램을 열고 있어요. 올해에는 호스트로 지역 청소년 친구들을 초대했고요. 어리다는 이유로 내가 뭔가 해줘야 되는 대상으로 보지 않으려고, 파트너로 만나기 위해서 어떻게 해야 할지 고민하고 있어요.

지역 청소년은 성인이 되면 대부분 강화를 떠났다. 강화에서 할 일을 찾기가 어렵기 때문이기도 하고, 청소년들이 지역 문화와 어우러지기 쉽지 않기 때문이기도 하다. 아르바이트만 하더라도 법적인 가이드라인을 다 준수하는 곳을 찾기 어렵다고 했다. 지역에서 청소년의 위치가 존중받고 있지 못하고 있는 것이 먼저인지, 사회가 지역을 고려하지 못하고 있는 것이 먼저인지 모르겠다. 다만 이런 상황에서 청소년들 몇몇이 성인이 된 후 강화에 남아, 혹은 서울에 갔다가 돌아와서 〈청풍〉의 멤버가 된 게 이례적인 사건이라는 것만은 확실하다. 그리고 그들 중 나이순으로도 경력순으로도 가장 막내인 파도가 2023년부터 대표직을 맡았다. 이전 대표였던 마담은 10년 만에 자리를 내려놓고 새 대표의 보좌역을 자처했다.

마담도 10년이나 리더 역할을 하다 보니까 그걸 이양하는 게 큰 숙제라고 생각했던 것 같아요. 대표를 넘기고 싶다는 얘기를 오래전부터 했었어요. 파도는 가장 마지막에 〈청풍〉에 들어왔지만, 누구보다 주체적이고 팀의 기반을 만드는 일에 진지하게 고민하는 친구기도 해요. 대표를 원하기도 했고요. 딱이다, 해서 파도가 대표가 됐죠.

외부에 나갔을 때 파도가 대표인데도 마담을 보고 얘기한다든지, 마담한테 계속 의견을 물어본다든지 그럴 수 있잖아요. 그래서 마담이 항상 밖에서 '대표님, 제가 모시겠습니다' 이렇게 말해요.

저희는 파도가 대표가 됐다는 게 지역 안에서 하나의 메시지라고 생각하거든요. 20대 초반의 여성 청년은 약자일 수 있잖아요. 우리 〈청풍〉은 주체적이고 팀에 대한 비전을 갖고 있으면 누구나 대표가 될 수 있다, 그리고 우린 그 대표를 믿고 신뢰한다, 이런 걸 보여 주는 거죠. 그게 잘 전달됐으면 좋겠어요.

파도는 바지 사장이 아니다. 이전 대표였던 마담이 나아가야 할 방향을 직관적으로 포착하는 감이 좋았다면, 새 대표 파도는 업무를 체계화하고 사업화하는 역량이 뛰어나다. 혼자서도 집에 있는 물건을 해마다 리스트업 할 정도이니, 조직의 업무는 말할 것도 없다. 덕분에 파도가 대표가 된 뒤로 〈청풍〉의 많은 작업이 체계화, 전자화되기 시작했다.

파도가 대표가 되고 달라진 점은 또 있었다. 40대 남성 대표의 리더십과 20대 여성 대표의 리더십에는 감수성 차이가 있었다.

파도가 사람과 상황을 기민하게 살펴요. 안색을 챙긴다든지 공감해 주고 지지해 주는 리더십을 가지고 있단 말이에요. 그래서 파도가 왔을 때 팀 분위기가 되게 달라졌어요.

아주 단적인 예지만, 카톡방에 이슈를 올리면 다들 읽씹하거나 '네' 정도로 대답했거든요. 근데 파도는 '와! 네! 너무 고마워요~~~' 하면서 이모티콘을 날렸어요. 그러다 보니까 요즘은 모두가 무슨 일이 있으면 '수고하셨습니다~' 하면서 이모티콘을 올려요. 고맙다는 말도 더 많이 하고요.

대형마트, 이웃, 멤버들

총총이 힘들 때 그를 살게 하는 존재가 셋 있다. 첫번째는 대형마트다. 그는 대형마트 구경하는 걸 좋아한다. 서울 토박이인 그에겐 때로 지역살이가 답답하게 느껴지기도 한다. 그럴 때면 차를 몰고 여행하는 기분으로 40분을 달려서 가장 가까운 대형마트에 간다. 나 역시 해외여행에 가면 백화점은 안 들어가 봐도 대형마트는 반드시 들른다. 하나도 사지 않고도 몇 시간이고 신나게 구경만 할 수 있다. 우리는 대형마트 애기가 나올 때마다 그 맛에 관해 열띤 대화를 이어 갔다.

총총을 붙들어 주는 두번째 존재는 동네 이웃이다. 내가 만났던 게스트 B처럼 강화로 이주하고 싶다고 말하는 이들이 종종 나타난다. 〈청풍〉 멤버들은 자기 작업을 하는 사람이나 자영업을 하는 사람처럼 도시 밖에서 할 수 있는 할 일이 뚜렷하면 비교적 정착하기 수월하다고 말한다. 그러나 대부분의 경우는 그렇지 않기 때문에 이주를 말린다.

〈청풍〉이 노력하고 있지만, 〈청풍〉의 노력만으로는 다 할수 없는 것들이 있기 때문이다. 가장 기본적으로는 먹고사는 문제가 그럴 것이고 〈청풍〉 영역 밖의 관계도 그럴 것이다. 이곳은 만년 피난처나 휴식처가 될 수 있을 만큼 이상적인 곳은 아니다. 여기도 사람이 사는 곳이고, 어쩌면 도시보다 사람과 더 많이 대면하고 부대껴야 하는 곳인지도 모른다.

[이주하는 거] 완전 말리죠. 여기 사는 거 너무 힘들어요. 직장도 그렇고 아직도 배타적인 분위기도 많고요. 다시 잘 고민해보라고, 살기 쉽지 않다고 해요. 도시 생활에 지쳐서 오면 오히려 더 힘들 수 있어요.

현실적으로 이주를 말린다고 해서 친구들이 이주하기를 바라지 않는 건 아니다. 오히려 총총은 더 많은 친구들과 함께 살고 싶다.

새로운 친구가 여기 올 때, 일상이 더 풍성하게 변하는 경험을 했어요. 가령 그림책 작가 친구가 이주해 왔을 때, 같이 이모티콘 만들기나 그림 그리기를 했죠. 기타 치는 친구가 왔을 때는 기타를 배우고, 운동광 친구와는 일주일에 한 번씩 산을 타러 다녔고요. 더 많은 친구들이 와서 친구들의 색을 물들여 줬으면 좋겠다, 일상이 풍성해졌으면 좋겠다, 그런 면에서 친구들이 더 많아졌으면 좋겠다고 생각하고 있어요.

그리고 동네 친구들도 그렇고 저도 그렇고 사실 각자 여기서 기반을 만들어 나가야 되는 사람들이거든요. 창업 아니면 창직을 해야 되는 곳이니까요. 그러면서 갖게 되는 불안감 같은 게 있단 말이에요. 그걸 같이 나누면서 살고 있어요. 연대하고, 보듬는다는 느낌을 받아요.

동네 이웃들은 총총의 일상에 느닷없이 등장해 그의 하루치 고단함을 씻어 주기도 한다.

굉장히 지치는 날이었는데 집에 가는 길에 일이 있어서 동네 파스타집에 들렀어요. "서류 드리러 왔어요" 했더니 사장님께서 "총총, 오늘 너무 지쳐 보여요. 앉으세요. 파스타 만들어 드릴게요. 그냥 먹고 가요." 그러시는 거예요. 그날의 피로가 다 날아갔죠. 시장 어머니들도 "왜 이렇게 힘이 없어. 과일 좀 줄게" 하면서 과일 담아 주시고, 동네 카페 사장님은 "생일이시죠. 오늘은 커피값 안 받을게요" 하세요. 이런 일들이 많이 생긴단 말이에요. 그럴 때면 서로 존재하고 있다는 걸 알고, 서로를 생각해 주면서 살아가고 있다는 걸 느끼게 돼요.

마지막으로 총총에게 힘을 주는 이들은 이곳이 엄연한 사업장임에도, 자꾸 멈춰서 서로를 보듬는 멤버들이다.

안색이 조금 안 좋아진 것 같으면 살펴줘요. 옆에 와서 말도 붙여주고요. 그냥 주절주절, 자기가 힘들었을 때 얘기도 해줘

요. 그런 걸 볼 때면 우리가 같이 살고 있다는 걸 느끼게 되는 것 같아요.

저는 저희가 변화가 잦고 유동적이고 멈춤도 많은 조직이라고 생각해요. 제가 2년 전에 6개월 정도 쉬었거든요. [성폭력 사건 이후로] 커뮤니티가 의미가 없는 것 같다고 느껴져서요. 그럴 때도 일을 좀 하면서 급여를 기본소득 정도로 보장해 줬어요. 조직에 어떤 업무를 해줄 사람이 필요해서가 아니라, 제가 집에만 있으면 처질 것 같다는 이유로요. 하루에 두 시간 정도 나와서 같이 얼굴 보고 이야기하자, 이렇게 업무를 짰어요.

조직을 위해서라면 효율을 내야 하고, 돈을 벌기 위해서라면 개인의 속도나 상태가 무시될 수 있잖아요. 그런데 저희는 그걸 항상 체크하면서 움직이니까 스톱할 때도 많고 재정비하고 갈 때도 있어요.

사실 도시에서 이렇게 일하기는 위험하죠. 서울은 너무 빠르잖아요. 이렇게 했을 때 어긋나 버리면 실패할 확률이 높으니까요. 그래도 여기서는 그런 게 덜하니까 가능한 것 같아요.

멤버들이 충분히 기다려준 덕에 총총은 최근 들어 의욕을 조금씩 보이고 있다. 그가 스스로 나서는 모습을 본 멤버들은 너무 좋다는 말을 연신 하며 크게 기뻐했다고 했다. 평소 표현을 잘 안 하던 멤버까지 나서서 손뼉 치는 모습을 본 총총의 마음이 어땠을지는 차마 묻지 못했다.

나가며

〈청풍〉 멤버들은 2024년 1월, 일본으로 탐방을 다녀왔다. 새로운 방향성을 모색하기 위해서였다. 총총은 탐방에 가지 않고 게스트하우스를 지켰다. 3월부터는 〈청풍〉을 퇴사하고 휴식기를 갖기로 했다. 앞으로 어떻게 될지는 모른다. 여행 계획 말고는 어떤 계획도 세우지 않았다. 그만두면 오히려 불안하거나 우울해지지 않을까 걱정되기도 하지만, 그래도 자기 자신에게 집중하는 시간이 더 필요할 것 같다는 생각이 들었다.

성폭력 사건 이후로 총총은 성격이 변했다고 했다. 원래 까불고 사람을 좋아하는 편이었는데, 3년 전부터는 차분하다는 말을 듣고 있다. 살면서 처음 들어본 말이다. 폭식증도 왔다. 일 년에 20kg이 찌고 나서야 건강하지 못한 식습관이 생겼다는 걸 알게 됐다. 또 내가 아는 게 틀릴 수도 있다는, 내가 아는 사람이 아닐 수도 있다는 생각이 커져서 말을 조심스럽게 하게 됐다. 그렇게 하루 일하고 사람을 만나고 나면 다음 날은 종일 자야 회복이 된다.

생명력이 거의 다 떨어진 느낌이라고 했다. 2년 전에 6개월을 쉬었고, 그 뒤로는 일을 조금 줄여서 해왔다. 그렇게 시간이 지나고 나니 조금 회복되었나 싶었다. 좀 더 확실하게 쉬고 나서 〈청풍〉에서 뭔가 해보고 싶다는 의지가 올라왔기 때문이었다. 그래서 회복을 위해 주 4일로 일을 대폭 줄였는데, 지금은 그마저도 버겁다는 걸 깨닫게 됐다. 아, 쉬어야겠다. 3년 만에 내린 결정이었다.

〈청풍〉 멤버들 모두가 그가 버거워한다는 걸 아니까 잘 쉴 수 있기를 바라면서도 아쉬워했다. 같이 오래 일한 전 대표 마담이 특히 그랬다. 총총은 폭식으로 이어졌던 습관을 다잡기 위해 다이어트를 시작했다. 상담도 3년째 받고 있다. 그가 너무 힘들어하자 마담이 직접 알아봐 주고, 연결해 주고, 초반 비용도 결제해 줬던 때부터 꾸준히 하는 중이다.

그는 그렇게 서로서로 얼마나 도왔는지 모른다고 말했다. 거의 반쯤 죽어 있던 총총이 쉰다는 큰 결정을 내릴 수 있을 만큼 살려 놓은 건 멤버들이었다. 그를 먹이며 여기까지 올 에너지를 만들어 준 건 이웃들이었다. 그래서 그는 도망치지 않고, 망연자실한 채로 내쫓기지 않고 힘을 내서 이곳 강화에서 쉴 수 있게 된 것이다.

총총도 〈청풍〉도 예년과 다른, 색다른 도전을 위한 발걸음을 뗐다. 조만간 다시 강화에 갈 테다. 그들의 새로운 모습을 놓치지 않고 싶다.

☆결 인터뷰

누군가와 누군가를 연결시키는 사람

결은 <청풍>의 멤버다. 그는 사람과 거리가 가까워지는 게 부담스러워서 주짓수를 다니다가 금방 그만뒀다. 그런 사람이 지역 굿즈샵을 운영하며 지역 사람들과 긴밀한 작업을 하고, 매일 새로운 관광객들을 맞이하고 있다. 처음 게스트하우스의 게스트를 맞이할 때는 그저 가만히 있었다. 먼저 다가가야 한다는 생각을 미처 하지 못했다. 1~2년 연습한 끝에 마음속에 응대용 질문 리스트를 만들었다. 이제 낯선 사람에게도 능숙하게 말을 붙인다.

성정에 아주 잘 맞지 않았어도 <청풍>에 계속 있었던 이유는 이 일이 그에게 의미가 있기 때문이다. 그는 "내가 사는 곳에서 일하고, 일하는 곳에서 사는" 일이자, "누군가와 누군가를 연결시키는 일"을 하고 있다.

결은 이 지역에서 대안학교를 다니며 <청풍>을 만났고, 고등학교를 졸업하고 <청풍>에서 일하게 됐다. 현 대표인 파도의 고등학교

선배이자, 그를 이곳에 초대한 사람이기도 하다. 둘은 전 대표인 마담 그리고 총총과 나이 차이가 꽤 많이 난다. 문화 차이를 느끼기도 했지만, <청풍>이 자신의 감각을 수용해 준다고 생각한다. 이제 그는 자신이 다니던 대안학교의 학생들을 만나며 <청풍>에 또 다른 감수성을 불러오고 있다.

결을 인터뷰하고 싶다고 했더니 나를 집에 초대해 주었다. 집엔 결처럼 크고 촉촉한 눈망울을 가진 고양이가 있었다. 총총이 동네에서 구조했던 고양이다. 고양이가 무서웠던 결은 처음 임시보호를 했을 때까지만 해도 그를 집 안에 들이지 않았다. 이제 그는 고양이를 더 편하게 병원에 데려가기 위해 자동차를 장만해야 하나 고민하는 지경에 이르렀다. 결, 그리고 결만큼이나 환대해 주는 고양이와 함께 식탁 앞에 앉았다. 그가 손수 만들어 준 야채구이 카레가 따뜻했다.

자리를 내어주는 사람들

고은   어떻게 <청풍>에서 활동하게 되셨어요?

결   고등학교를 졸업하고 난 뒤에는 학교가 있었던 마을공동체에서 활동가로 살아 보고 싶었어요. 대학이나 도시에 가지 않고도 살 수 있을지 실험해 보고 싶었거든요. 그런데 막상 해보니 어려움이 있었어요. 동등한 구성원으로 인정받기가 어려웠고, 저에게 어떤 일들은 주어지지 않았어요. 약 1년 정도 시행착오 끝에 동네를 떠나려고 했는데 마담에게 제안이 온 거에요.

고등학교에 다닐 때 <청풍>과 알고 지냈거든요. <청풍>이 강화에서 만날 수 있는 유일한 청년 네트워크였어요. <청풍> 게스트하우스에 돈 안 내고 놀러 가서 자고 오고, <청풍>에서 하는 축제에서 스태프로 일을 도와줬죠. 마담이 굿즈샵 진달래섬을 오프라인 공간으로 열어 보려고 하는 데 같이하자고 했어요. 당시 저를 포함해서 졸업 후 지역에 남은 친구들이 몇 있었거든요. 다같이 몇 개월 동안 공간을 만들었어요. 그러고 떠나려고 했는데 코로나19가 터졌죠. 갈피를 못 잡고 있는데 비슷한 시기에 <청풍>에서 멤버로 일해 보자는 제안을 받았어요.

고은　　처음 제안을 받았을 땐 어땠나요?

결　　진달래섬 프로젝트를 진행하기 전에 마담과 미팅을 몇 번 했어요. 그때 마담이 뭐 좋아하냐고 물어봤거든요. 저는 좋은 작업이나 장소, 물건 같은 걸 찾아서 팔로업하는 게 재밌어요. 그래서 굿즈샵이나 책방 같은 걸 좋아한다고 했더니 다음 미팅에서 마담이 진달래섬 오프라인 공간을 준비해 보자고 제안했어요. 마다할 이유가 없었죠.

<청풍>에서 일하면서 사람을 초대하는 게 얼마나 어려운 일인가를 알게 됐어요. 초대할 때 동원되는 느낌이 들지 않게 하는 게 중요해요. 그 사람이 돈 말고도 또 어떤 걸 얻어 갈 수 있을지까지 보고 초대하죠. 그게 매 순간 달라서 이야기하기가 까다롭더라도 사전에 꼭 짚어요. 이 사람이 이 일을 통해서 뭘 얻어 갈 수 있을 것인가. 근데

그걸 보면서 <청풍>이 나를 초대할 때도 그랬겠구나, 싶더라고요.

지금 생각해 보면 오프라인 진달래섬을 만드는 데 제가 꼭 필요했던 건 아니었던 것 같아요. 팀 안에서도 할 수 있는 일이었는데, 저와 같이 지역에 남아 있는 친구들을 위해서 제안을 만들어 준 거죠. 지역에서 좋은 경험을 해볼 수 있게끔 자리를 내어주려고요. 그 부분에서 제가 오래 머물기 어려워했던 마을공동체와 다른 점이 있지 않을까, 하는 생각이 들더라고요.

고은　초대와 환대가 중요하군요.

결　<청풍>에서 하는 일이 제게 뜻깊은 이유가 지속가능한 생계를 모색하면서 동시에 변화를 만들어 간다는 점 때문이에요. <청풍>은 어떤 변화를 만드는 일을 하고 있는데, 그걸 영리적으로 해보려 하고 있거든요. 불가능에 가까운 일에 도전하고 있죠. 그리고 거기서 우리가 중요하게 계속 가지고 가려고 하는 부분이 초대와 환대인 것 같아요. 저뿐만 아니라 우리 모두 여기에 환대받으며 온 존재들이기 때문이기도 하고, 우리끼리 재밌는 것보다 누군가를 초대해서 그 사람의 시선을 통해 더 넓어질 수 있기 때문이기도 해요.

사실 저는 누군가를 지역에 초대하거나 환대하는 걸 일로 하게 될 줄은 몰랐어요. 그런데 내가 여기에 이주하기까지 엄청난 환대를 받았다는, 사람들이 자리를 내어줬다는 생각이 드니까 저도 자연스럽게 그런 일을 해야겠다는 마음이 생기더라고요. 제가 지금 청소년들을 만나는 것도 그런 마음에서 하는 일이에요.

피어나는 청소년들

고은   <청풍>에서 일하시는 건 어떠세요?

결   서울에 갔으면 못 배웠을 태도나 관점을 많이 얻을 수 있었어요. 가령 저희는 긴 호흡으로 본다는 말을 진짜 많이 하거든요. 진달래섬에서 팔기 위해서 소창 수건을 만들어요. 그러면 공장 사장님, 재봉해 주시는 선생님처럼 지역에 계신 분들하고 연락할 일이 많아요. 그럴 때면 도시에서는 상상하기 어려운 상황이 생겨요. 선생님들이 대뜸 반말을 쓰신다거나, 제가 어려 보이니까 사장 오라고 한다거나요. 처음에 일할 때는 화가 나서 장문의 문자를 보냈어요. 근데 그게 그분들한테는 전혀 먹히지 않는 거예요. 너무 당혹스러웠죠.

길게 본다는 건 그 사람의 맥락이나 흐름까지도 고려해서 변화를 만들어 간다는 건데, 그게 제게 생소했던 것 같아요. 긴 호흡으로 나아지기 위해서는 테크닉을 다 다르게 써야 돼요. 소창 사장님에게는 똑 부러지게 이야기할 게 아니라, 우선 친해져서 그 사람의 네트워크 안에 들어간 뒤에 원하는 걸 얘기하는 방식이 필요했던 거예요. 그 선생님은 나중에 저에게 동네에서 고생이 너무 많다고 하면서 뭔가 해주시겠다고 먼저 제안해 주셨어요.

변화는 그런 식으로 일어나거든요. 어떤 강렬한 메시지를 전달하거나 열심히 떠들어야 바뀌는 게 아니라는 거, 서로 다른 층이 있다는 걸 배웠죠. 그런 게 재밌어요.

고은　강화에서 청소년과 만나는 일도 하고 계시죠. 청소년들과 지역에서 긴 호흡으로 만나는 건 어떤 일일지 궁금해요.

결　아픈 청소년들이 많아요. 특히 대안학교에는 공교육을 받을 수 없는 친구들도 있어요. 섭식장애, 불안, 우울증을 가지고 있는 친구들이요. 저희랑 같이 강화에 있는 다른 이웃도 만나고, 저희를 새롭게 알게 되기도 하면서 태도가 변하기도 해요. 그런 게 너무 멋지죠. 증상이 완화된다기보다는, 자기 안으로만 파고들지 않고 남을 둘러볼 수 있게 되는 것 같아요.

작년에는 '마음껏 실험장'이라고, 저희에게서 활동비를 지원받아서 각자 해보고 싶은 프로젝트를 진행했어요. 그걸 책으로 만들어서 공유회 자리를 열었는데, 청소년들이 한 해 동안 만났던 이웃들이 다 자리에 와주셨어요. 되게 큰 환대였던 것 같아요. 청소년들이 주인공이 되는 경험이기도 했고요.

사실 미약할 수도 있는 일이거든요. 조금만 관점을 바꿔서 다가가거나, 약간의 공동체만 만들어 주는 건데도 그런 변화들이 생긴다는 게 신기해요. <청풍>에서 일하면서 느낀 건데요, 한 사람이 좋은 경험을 하면 확 피어나는 것 같아요. 실제로 그걸 옆에서 본 적도 있어요. 처음 지역의 대안학교 친구들을 만났을 때랑 비교하면 지금 많이 변했다는 게 느껴져요. 이곳에서 안심하고 있을 수 있으니까 일단 얼굴부터 펴요. 자기뿐만 아니라 주위를 좀 둘러볼 수 있게 되고요. 열린 태도를 갖게 되는 거죠. 사실 처음에는 청소년을 만나는 사업이 내키지 않았어요. 나의 괴로웠던 청소년기를 조금이라도 복기하게 되는 것이 두려웠거든요. 그런데 이제는 저도 재밌어서 하는 일이 됐어요. 계속해서 앞으로가 궁금해요.

고은　　　그런 일을 학교가 다 해내기는 어려운 것 같다는 생각도 들어요. 지역에 있는 사람들이 하기도 쉽지 않은 일일 것 같고요.

결　　　거의 1년 동안은 학교 문 두드리는 것만 했어요. 너무 어려웠죠. 친구들이 학교 밖으로 나오는 것도 쉽지 않고, 그 시간을 쪼개서 만나는 것도 힘들었어요. 지금은 관계와 시간이 쌓여서 학교와 더 밀접하게 일을 만들어 가고 있어요.

수용되는 경험, 안심되는 공간

고은　　　뉴로컬 키워드 중에 가장 좋아하는 건 뭐예요?

결　　　시기마다 더 공감되고 눈길이 가는 키워드가 다른 것 같기는 한데요. 지금은 '안심'이에요. 제가 그 키워드를 제안했어요. 너무 중요한 것 같아요. 안심과 안전은 좀 다르다고 생각하는데요. 강화보다는 서울이 확실히 안전할 거란 말이죠. 여긴 정말 허술한 게 너무 많아요. 가령 강화에서 5년을 산 어떤 이웃은 한 번도 문을 잠근 적이 없대요. 저도 여름에는 창문을 열고 자요. 그런데 서울에서보다 강화에서 더 안심하고 사는 것 같아요.

안심할 수 있어야 계속 살아가고 싶다거나, 마음을 내서 뭔가를 해보고 싶다거나 하는 마음이 생기는 게 아닐까요. 청소년들이나 청년들이 여기서 동네 이웃들을 한 번 만나고 난 뒤에 계속 오고 싶어 하는 이유도 그 때문이지 않을까 싶거든요. 다른 키워드들은 안심하는 마음의 기반이 되어 줘요. '다양성'을 존중받는다는, '연결'되어 있다는 느낌이 들면 안심할 수 있으니까요.

고은　총총 님과 같은 걸 꼽으셨네요! 뉴로컬 키워드를 만드는 경험은 어떤 경험이었어요?

결　도시에는 지하철만 타도 또래 여자들이 많잖아요. 근데 여기서는 지역에 사는 청년 여성이라는 사실만으로도 제가 튀어 보여요. 지역은 문화가 정말 다르거든요. 성인지감수성도 낮고, 내가 옳다고 생각하는 게 옳다고 여겨지지 않을 수도 있어요. 사람들에게 다가가는 방법도 바꿔야 해요. 장년들에게 딸내미처럼 구는 걸 안 좋아하는데 여기서는 그게 필요할 때가 있는 거예요.

그런 고민이 제게는 떼려야 뗄 수가 없는 거죠. 여성 청년으로 지역에서 사는 게 너무 어렵다는 걸 알지만, 계속 존중받고 싶다는 생각을 해요. 기존에 <청풍>에 있었던 멤버들하고 저는 세대가 다르기도 하니까, 처음 <청풍>에 들어왔을 때 팀 안에서 쓰던 문화나 언어가 지금과는 달랐어요. 제가 생각하기에 감수성이 다르다고 느껴지는 게 있었죠.

그리고 그런 게 변화하는 과정이 있었어요. 대단한 건, <청풍>

이 그 변화하는 과정에서 수용적인 태도를 가졌다는 거예요. 대단한 수준이 아니라 '쩐다'고 생각해요. 그 과정이 저에게는 안심할 수 있는 기반이 되어 줬거든요. <청풍>에서 일하는 가장 큰 장점은 내가 너무 튄다거나 예민하거나 특이하다고 생각하는 정체성을 그대로 가지고 가면서 그걸 일로 풀어낼 수 있다는 거예요. 또 나와 비슷한 정체성 혹은 소수자 정체성을 가지고 있는 사람들이 모여들거든요. 행운이라고 느끼죠.

판단하지 않는 정의

기후운동가 **은빈**

은빈은 〈청년기후긴급행동〉의 대표다. 직접행동도 감내하는 단체인 만큼 그도 거침이 없다. 학과 내에서 상습적인 성추행과 부적절한 발언을 일삼은 교수가 신입생 후배의 대자보를 통해 공론화된 사건이 있었다. 은빈은 과에 큰 관심이 없었지만 그 대자보를 읽고 선후배·동기들과 함께 공청회를 열었다.

단과대 학생회 부회장으로 출마한 적도 있다. 여성으로 구성된 후보팀도 한번 나와야지 않겠냐며 회장 후보 측에서 먼저 제안해 왔다. 그런데 막상 선거운동을 시작하니 회장 후보가 부정적인 피드백을 수용하지 못했다. 도리어 학우를 의심하고 피드백을 공격으로 치부했다. 그런 모습이 실망스러웠던 은빈은 회장 후보에게 "이런 태도로 임하면 당선이 되더라도 나와 함께 임기를 마칠 수는 없을 것"이라고 말했다.

은빈은 정치외교학과 학부생 생활을 미처 끝마치기 전에 기후운동을 시작하게 됐다. 그는 자신 또한 폭력과 불의의 굴레에서 자유로울 수 없음을 아는 사람이다. 전 지구적으로 착취당하는 존재가 있다는 사실을 알고, 지구를 위해서 움직이고 싶어 한다. 철학과와 정치외교학과 중에 고민하다가 후자를 선택한 건 그게 더 실천적으로 보였기 때문이었다.

그러나 동시에 그는 헨리 데이비드 소로의 『월든』을 인생책으로 꼽는 사람이다. 자발적인 고립을 즐기고, 묵묵히 사회에 기여하는 삶을 살고 싶어 한다. 목사인 아버지의 영향을 받기도 했을 테다. 말하며 움직일 때면 언뜻언뜻 소매 아래로 손목에 한 타투가 보인다. 히브리어로 쓰여 있는 '바트 하엘'은 하나님의 딸이라는 뜻이다.

은빈의 양면은 〈청년기후긴급행동〉 활동 내내 교차하며 독특한 하모니를 만들어 낸다. 그는 외부에서, 특히 재판부에서 과격하다는 평가를 받는 활동가다. 그리고 동시에 서두르지도 조급해하지도 않으며 오늘보다 조금 나아질 내일을 위해 뚜벅뚜벅 걸어가는 수행자이기도 하다.

공룡이 선 첫번째 재판장

〈청년기후긴급행동〉은 시위 현장에 커다란 비닐 공룡 옷을 입고 등장한다. 공룡 이미지의 전형이라고 할 수 있는 티라노

사우루스를 닮았다. 다리는 짧고 팔은 더 짧다. 어디론가 이동하기 위해서는 어기적어기적 걸어야 하고, 피켓이라도 들라치면 깡총한 팔로 허우적거리게 된다. 비 오는 어느 날, 공룡과 함께 시위 현장에 간 적이 있었다. 커다란 장우산을 공룡 머리까지 씌우려니 거리의 온갖 펜스, 조형물, 천막과 부딪혀 애를 먹었다. 시위 현장에 도착하기도 전에 진이 다 빠질 뻔했다.

나타나기 전까지 부산을 떨어야 하지만, 일단 등장하면 효과는 확실하다. 사람들은 모두 조금은 귀엽고 또 조금은 웃기게 생긴 이 공룡을 쳐다본다. 근처에 행사장이 있나? 이벤트가 열리려나? 그러나 공룡이 〈청년기후긴급행동〉의 피켓을 드는 순간, 장르가 달라진다. 공룡은 자기처럼 멸종되지 않으려면 조심하라는 메시지를 전한다. 내향적인 멤버들이 나서서 공룡 옷을 입겠다고 하는 건 그 때문이다.

이목구비가 크고 색깔도 뚜렷한 덕에 사진발도 잘 받는다. 어디서 찍혀도 주인공이 될 수 있다. 이 공룡이 주로 출몰하는 곳에서는 더더욱 그렇다. 질 좋은 회색빛의 돌이 깔린 대기업 건물의 앞마당, 무채색 정장을 깔끔하게 차려입은 정·재계 인사들 옆만큼 공룡이 돋보이는 곳이 또 없다. 그들이 혹여나 공룡 앞이라도 지나가면 최고의 사진이 완성된다. 입을 꾹 닫고 심각한 표정을 한 수트맨들 위로 '아' 하고 입을 벌리고 있는 원색 계열의 공룡 얼굴이 빼꼼 나오기 때문이다.

공룡은 〈청년기후긴급행동〉의 상징이다. 그들의 아지트 '공가'에는 공룡 스티커, 공룡 메모지 등을 비롯해 멤버들이 보일 때마다 사다 놓은 온갖 공룡 아이템으로 가득하다. 2022년 20대 대선에는 '김공룡'이 '기후 0번'으로 출마하기도 했다. 〈청년기후긴급행동〉의 멤버들은 10대~30대인데 그들이 만들어 나눠 주는 스티커는 마치 옛 흥신소 광고물같이 생겼다. 거기엔 이런 문구가 적혀 있다. '세상은 넓고 할 일은 많다. 김공룡 흥신소. 동지 찾아드립니다.' '기후운동하고 광명 찾자. 우대사항: 기후 우울 다수 경험자, 인류애 상실 다수 경험자, 기후보다 뜨거운 심장 보유자.'

그들은 2023년, 두 개의 재판을 치렀다. 덕분에 은빈은 한 달 사이에 두 재판장에 섰다. 첫 재판은 '집회및시위에관한법률위반'과 '재물손괴' 형사재판이었다. 최종공판 후 피고인과 변호인을 비롯해 방청연대로 법원에 왔던 〈청년기후긴급행동〉의 멤버와 지지자가 함께 소회를 나눴다. 은빈이 준비한 최후진술을 듣다가 울었다는 사람이 여럿이다. 나는 속으로 생각했다. '다행이다! 나만 운 게 아니었군.' 이어서 사람들은 이렇게 많은 이들이 감동했는데 판사의 마음도 조금은 움직이지 않겠냐, 판사의 눈에 눈물이 조금 고인 걸 본 것 같다며 좋은 결과가 있기를 소원했다.

"평화가 유지되기 위해서는 '내가 누군가에게 폭력을 당할 수 있다는 두려움'과 '내가 누군가에게 폭력을 가할 수 있다는 두려움' 사이의 팽팽한 긴장 상태가 필요하다는 말을 들은 적이 있습니다. 이 불편한 두려움을 함께 품고 그 사이에서 갈등할 때, 비로소 '평화'라는 상태가 유지될 수 있다는 의미일 것입니다. (……)

한 가지 깨달은 사실이 있습니다. (……) 폭력과 착취가 끊임없이 재생산되는 유해한 사회 구조 안에서는 그 어느 누구도 무해한 존재로 살아갈 수 없다는 사실입니다. 그 누구도 구조적인 폭력 앞에서는 자유로울 수 없다는 사실입니다. 우리 모두가 동조자이거나, 방관자이거나, 희생자입니다. (……)

우리의 행동을 보고 몇몇 사람들은 미련하다고 합니다. 그렇게 절박하게 행동한다 해도 세상이 너희 목소리에 귀 기울일 것 같으냐. 두산이 눈 하나 깜짝할 것 같으냐 묻습니다. (……)

비록 우리의 목소리가 작을지라도, 우리의 걸음은 또렷합니다. 법이 우리의 행동을 통제하고, 규정짓기도 하지만, 반대로 우리의 행동이 큰 바위처럼 단단하게만 보이는 법과 규범, 상식을 재구성할 실마리를 만들어 내기도 합니다. 아무리 긴 시간이 걸릴지라도, 저는 이웃나라에 죽음을 수출하지 않아도 잘 먹고 잘사는 나라에서 살고 싶습니다.

(……)

정의로운 판사님. 재판을 치르고 있는 지금 이 순간에도 지구 기온은 오르고 있고, 온실가스 농도는 나날이 높아지고 있습니다. 지구 생태계는 인류 문명에 의해 위협을 받고 있다는 현실 앞에서 우리는 너무나도 선명하게 연결되어 있습니다. 우리는 모두 서로에게 책임이 있습니다." (은빈의 최후 진술 중)

석탄화력발전소 붕앙-2

최후 변론에서는 〈청년기후긴급행동〉이 만든 영상이 재생되었다. 가장 먼저 바람이 거세게 부는 2021년 2월에 찍힌 비디오가 나왔다. 등장인물은 은빈과 또 다른 활동가. 장소는 분당 두산타워 앞. 두 주인공은 'DOOSAN' 로고 조형물에 녹색 스프레이를 칠한다.

또렷한 풀색 염료가 금속 소재에 얹힌다. 짧은 시간 안에 D부터 N까지 다 채우느라 군데군데가 비었다. 영상으로 보니 의도적으로 꾸며 놓은 아트워크 같기도 하다. 둘은 초록빛이 나는 커다란 철 덩어리 위로 올라가 플래카드를 펼쳐 든

다. '최후의 석탄발전소 내가 짓는다!──두산중공업'

〈청년기후긴급행동〉이 약식 기소에 불복하고 정식 재판을 청구한 것은 "수사 자료에 아직 다 기록되지 않은 진실, 법정에서 변론할 우리의 이야기가 남았기 때문"(형사 탄원서 중)이었다. 못다 한 이야기란 비단 시위 당시 친환경 수성페인트를 사용했으며, 끝나고 직접 닦아 내는 도중 연행이 되어 다 청소하지 못했다는 말뿐만은 아니었다.

한국이 베트남에 석탄화력발전소를 짓는다. 중화전력공사, 스탠다드차타드은행 등이 발을 빼는 와중에 한국전력공사(이하 한전)에서 사업주였던 홍콩의 전력회사 지분을 사들였다. 한전에서 총대를 메고 세금으로 진행하는 국가사업이다. 두산중공업과 삼성물산이 설계·조달·시공 사업자로 참여하고 한국수출입은행에서 자금을 빌려준다. 예비타당성조사에서 한국개발연구원(KDI)은 약 1,000억 원 손실을 예측했다. 총 6,200조 규모의 전 세계의 투자사 21곳에서 공식적으로 계획 철회를 요구하는 서한을 보내 한전과 두산중공업을 압박하기도 했다. 그럼에도 2020년 한전 이사회에서 2조 6천억 규모의 '붕앙-2' 사업 추진이 확정되었다.

베트남 석탄화력발전소 '붕앙-2'의 문제는 경제성에만 있지 않다. 다른 나라에서 발을 뺀 것은 석탄화력사업이 기후위기에 지대한 영향을 미치고 있다는 위기의식을 공유하기 때문이었다. 물론 기후위기를 의식하는 건 한국도 마찬가지다. 대한민국 정부가 먼저 탄소중립을, 잇따라 한전과 삼성이 탈석탄을 선언했다. 그런데 그와 같은 해 같은 달에 붕앙-2 사업 추진이 확정되었다. 기후위기에 적극적으로 대응하겠다는 국가와 기업들이 약 2억 톤의 온실가스를 배출하는 화력발전소를 짓는 셈이다.

붕앙-2는 지구를 괴롭히는 일이기도 하지만, 베트남 현지 사람들의 삶을 해치는 사업이기도 하다. 붕앙-2에 앞서 지어진 붕앙-1이 그것을 입증하고 있다. 붕앙-1이 지어진 지역에서 심혈관 질환 및 뇌졸중 환자가 105명 발생했고 14명이 사망했다. 가동된 후 겨우 2년 만에 공식적으로 잡힌 수치만이 모양이다. 암 발병률도 늘었다. 50대 이하 암 발병인이 늘고 있다. 사람들이 매일 같이 들어가던 바다였는데, 이제 들어가면 따갑기만 하다. 집 바닥은 석탄재로 까맣다. 쓸고 또 쓸어도 자고 일어나면 말짱 도루묵이다.

바다 안에는 산호도 물고기도 남아 있지 않다. 수백 년 동안 대를 이어 온 바다 사람들이었다. 90%가 실직했다. 땅과 집에서 내쫓겼고, 일자리와 바다를 빼앗겼다. 붕앙-1에 의해 한 마을이 파괴되었다. 현지 주민들이 두번째 석탄발전소 건설을 10년이나 반대한 것은 당연지사였다.

붕앙-2는 베트남 현지 사람들의 삶뿐만 아니라 온 지구

생명에 영향을 미치게 될 테다. 먼 베트남 땅의 일이지만, 한국이 자행할 일이다. 은빈은 일부러 휴가 때 베트남을 방문했다. 베트남전쟁에서 한국군에 의해 학살을 당한 마을 피해자들을 만났다. 20세기 베트남전쟁 파병과 21세기 베트남 석탄발전소 수출이 겹쳐 보였다. 점점 더 붕앙-2가 그에게 가까워졌다. 그러는 동안 정부와 기업은 기후위기에 대응하겠다고 말하면서도 이 사업을 놓지 않았다. 언론에서는 그린워싱이 계속됐다. 은빈은 무엇이라도 해야 했다.

그러나 재판부는 1심과 2심에서 동일한 벌금을 선고했다. "피고인들의 선의를 알지 못하는 것은 아니나 보다 적절한 방법을 강구하라"는 소견이 덧붙었다. 그는 스프레이를 뿌리기 전에 이미 시위도 했고, 저지 선언문도 발표했고, 사업에 참여하는 기관과 기업에게 상세한 공개 질의서를 보내기도 했다. 하지만 어디서도 응답이 오지 않았다. 어떻게 더 부지런을 떨었어야 '게으른 범법자'가 되는 걸 면할 수 있었을까?

최전방의 목격자

첫 재판으로부터 딱 한 달 뒤, 은빈은 연이은 두번째 재판에 참석하기 위해 4월 8일 광주비엔날레를 찾았다. 이번 재판은 세대간 기후범죄 재판소(Court for Intergenerational Climate Crimes, 이하 CICC)에서 열렸다. CICC에서는 초국적기업들이 과거와 현재, 미래에 걸쳐 저지르는 기후범죄를 다룬다.

CICC를 소개하는 팸플릿에는 재판소 설명에 앞서 『쌍윳따니까야』의 구절이 먼저 적혀 있다. "살인하는 자는 또 다른 살인자를 만나고 / 정복하는 자는 또 다른 정복자를 만나니. (……) 업은 이처럼 돌고 돌아 / 약탈하는 자, 약탈을 당하게 되도다." 재판소 옆 공간에는 수십 개의 팻말이 세워져 있다. 팻말에는 멸종된 식물, 동물, 곤충 등의 모습이 하나씩 그려져 있다. 그 아래로는 각국의 언어로 이름이 적혀 있다. 이들은 사라져 간 비인간 '동지'를 뜻한다고 했다.

이번 재판에서도 은빈은 베트남에 석탄화력발전소 붕앙-2를 지으려는 한국 정부와 기업에 대해서 말했다. 첫번째 재판과 달라진 것은 그가 서 있는 위치였다. 이 사건을 바라보는 법정의 관점이 달라졌기 때문이었다. 한국 재판소에서 은빈은 집시법을 위반한 피고인으로 유죄 선고를 받았다. 그러나 CICC에서 은빈과 〈청년기후긴급행동〉 친구들은 기후범죄를 목도한 증인으로 자리에 섰다.

첫번째 재판소에서 그러하였듯, 은빈의 말은 두번째 재판소에서도 사람들의 마음을 움직였다. 배심원은 국가와 기업에 거의 만장일치로 유죄 선고를 내렸다. 그 덕에 한 달 사이에 은빈은 최선의 방법을 찾지 않은 게으른 범법자가 되었다가, 기후범죄에서 눈을 떼지 않는 최전방의 목격자도 되었다. 그리고 첫번째 재판장에서 참관인은 재판부를 향해 소망만 보낼 수 있었지만, 이번 재판장에서 대중은 배심원이 되어서 직접적인 의사를 표할 수 있었다. 대다수의 배심원이 청년이었다.

한동안 청년이 정치에 무관심하다는 이야기가 돌았다. '이대녀', '이대남'부터 시작해서 청년에 여러 별칭이 붙었다. 무책임하다는 말도, 그래서 문제라는 말도 함께 따라왔다. 그러나 은빈은 오늘날의 시스템이 청년의 욕구를 제대로 포착하지 못한다고 말한다. 오히려 시스템이 단조롭게 묶어 낸 이들의 고유성을 은빈은 드러내고 싶다. 이것이 그가 하려는 정치다.

속도가 너무 빠른 거예요. 이 사회가 요구하는 게 너무 과한 거예요. 근데 꾸역꾸역 해야 되는 거죠. 그럴 때 느껴지는 죽을 맛, 멀미 남, 조바심이 싫어서 사회 운동에, 이 안에 들어왔는데도 〈청년기후긴급행동〉 멤버들 역시 비교 의식, 열등감과 싸워요.

이런 상황에서 벗어나는 힘이 어디서 올 수 있을까요? 기성 정치인들에게 요구한다고, 정책이나 제도가 개선된다고 해방

될 수 있을까요? 전 절대 그렇게 생각하지 않아요. 우리가 선택하기엔 매력 없는, 선택하는 게 큰 의미가 없는 것들을 제시하고 있잖아요.

도움은 될 수 있겠죠. 실업 수당이 대폭 확대된다거나, 기본소득이 만들어지면 여건은 나아질 테니까요. 물론 지금은 그럴 여지가 안 보이지만요, 그래도 누군가 그게 의미가 있다고 생각하면 하면 되죠. 해주면 고맙죠. 다만 그게 우리의 메인 키는 아니니까 투쟁 의제로 삼지는 않아요.

체제가 불만족스럽고 적응하고 싶지 않거나 적응할 수 없는 사람들이 가시화되는 게 중요하다고 생각해요. 침묵하거나, 자살하거나, 병원에 가서 약을 받고 있는 사람들이요. 근데 가시화되려면 정말 많은 에너지와 용기가 필요해요. 개개인으로는 절대 못하죠. 한다 해도 금방 쓰러질 수 있고요.

조직에서 서로가 서로의 힘을 발견하다 보면 언젠가 임계점이, 드러내지 않으려야 드러내지 않을 수 없는 때가 올 거라고 생각해요. 저는 그렇게 하는 정치 운동을 생각하고 있어요.

용기가 필요할 때마다 꺼내 보는 기억

은빈의 진술-증언 중 사람들을 가장 많이 놀라게 하고 울린

대목은 그가 가해자였다고 고백한 부분이었을 것이다. 은빈이 다니던 초등학교에는 집단 괴롭힘이 일종의 문화로 자리 잡고 있었다. 괴롭히고 괴롭힘을 당하는 데엔 남녀 구분이 없었다. 은빈은 3학년 때 전학을 왔지만, 호탕한 성격인지라 따돌림을 당하기보단 학급 분위기를 주도하는 편에 가까웠다. 주로 덩치가 작은 전학생과 장애가 있는 재학생이 표적이 되었다.

그러다가 6학년이 되었을 때 새로운 전학생이 그의 눈에 들어왔다. 그 친구가 학교생활을 편하게 할 수 있게 해줘야겠다는 마음이 들었다. 왜 그랬는지는 잘 모르겠다. 특별히 더 마음에 들었던 것도 아니었다. 이후 사이가 가까워진 은빈은 그 친구의 집에 놀러 갔다가 우연히 친구의 아버님을 만나게 됐다.

아버님이 반갑다, 잘 지내줘서 고맙다고 하셨어요. 사실 6학년 때 전학 오는 게 쉽지 않을 거잖아요. 그간 쌓아 왔던 인연을 끊고 마지막 연도에 홀로 떨어지게 되니까요. 게다가 그 친구는 부모님이 이혼하면서 심리적으로 불안한 상황이었던 거예요. 만일 학교에서도 적응을 못하면 아버님이 크게 우려할 만한 상황이었죠. 그런데 새로운 친구들과 지내며 오히려 안정되니까 고맙다고 하신 거였어요.

사정을 알고 나니까 한 사람에게 친구가 생긴다는 게 얼마나 큰일인지, 얼마나 지지가 되는지 알게 됐어요. 그러면서 동시에 그러지 못했던 저의 모습과 쉬는 시간마다 괴롭힘을 당했던 친구들이 떠올랐어요. '내가 무슨 짓을 한 거지', 이런 생각이 들면서 저 자신에 대한 공포가 좀 생긴 거죠.

그 친구가 학교생활에 적응했을 때, 제가 없어도 괜찮아졌을 때 모든 친구들을 다 끊어내고 혼자 지냈어요. 친구들과 어떤 식으로 영향력을 주고받았는지 알게 되니까, 그런 제 모습이 싫었어요. 사람들이랑 연결되어 있을 때 위험한 존재가 될 수 있는 거예요. 저 자신을 못 믿으니까 친구들이랑 같이 있는 것보다 혼자 있는 게 더 낫겠더라고요.

은빈은 죄책감을 견디며 살아야 할 이유를 찾을 수 없었다. 행복하기 위해 살고 싶은 마음도, 성공하기 위해 공부하거나 인정받기 위해 친구를 사귀고 싶은 마음도 들지 않았다. 모든 게 사치스럽게 느껴졌다.

자기 욕구를 따라서 자기 마음대로 살아갈 때는 죄를 지을 수밖에 없어요. 다른 사람들은 몰라도 일단 저는 그래요. 제 밑바닥을 봤잖아요. 이걸 제 힘으로 개조할 수도 없어요. 그때 제가 살 이유를 찾았던 게 신앙이었어요. 제가 저를 책임 못지니까 하나님과 함께해야지만 제가 잘 살아갈 수 있겠는 거예요. 성경에 '합력해서 선을 이룬다'는 표현이 있어요. '이게 뭐지?' 싶은 다양한 굴곡이 있어도 결국에는 합쳐져서 하나님이 큰 역사를 경륜해 간다는 뜻인데요. 기독교는 사람이 우연의 산물이 아니라 하나님의 걸작품이고 순간순간마다 신과 함께한다는 전제가 있거든요.

성경에서 인류의 문명에 존재하는 하나님을, 역사에선 영성을 원동력으로 치열하게 살아왔던 사람들을 많이 봤어요. 내가 그렇게까지 될 필요는 없더라도, 일단 내가 살아가는 데 나침반이 뭔지는 분명히 알겠더라고요. 그때부터 신앙을 주체적으로 찾고 받아들이고 했죠. 중학교 1학년 때였어요.

누군가를 괴롭혔던 경험, 그리고 뒤늦게 그 사실을 깨닫고 괴로웠던 경험이 지금의 은빈을 만들었다. 그는 이 일을 잊지 않고 중요한 자리에서 다시 펼쳐 보인다.

한 사람이 바뀐다고 뭐가 달라지냐, 그런 말을 하잖아요. 그런데 누군가 초등학생인 제게 이러지 말라고 했다면 그런 일이 안 일어났을 수도 있거든요. 제가 따돌림을 주도하고 있을 때 'NO'라고 말한 사람이 없었어요. "이건 아니다", "그거 잘못된 행동이야"라고 말해 주는 사람이요.

제게는 그게 사무치게 남아 있어요. 그러니까 적어도 연결된 사람들 안에서는, 제가 정신을 똑바로 차리고 살면 그 영향은 무시하지 못한다는 걸 절감해요. 생각보다 연결고리의 파급력이 커요. 아무리 각자도생이라고 해도 사회는 촘촘하게 연결되어 있으니까요.

사람들은 얼마나 악하고 이 세상이 얼마나 절망스러운지 그런 건 저에게 안 중요해요. 저는 내가 살고 있는 곳, 내가 목격하는 것에 대해서 정직하게 반응하고 싶을 뿐이에요.

그냥 조금 늙고 아픈 친구

은빈은 아버지가 목회하는 교회에 다녔는데, 그곳에서 학교와 또 다른 사회를 만날 수 있었다. 사회에 남다른 시각을 갖게 된 것도 교회에서 독서와 글쓰기 수업을 들으면서였다.

아빠가 큰 규모의 교회에서 부목사로 계시다가 작은 교회 담임으로 발령이 나셨어요. 바뀐 환경에서 어떻게 목회를 하고 관계를 맺으면 좋을까 고민하시다가 공동체 목회를 알게 되셨죠.

기성 교회는 영아부, 유아부, 아동부, 청년부, 이렇게 다 쪼개져 있거든요. 지역, 구역별로 목회 담당자가 정해져 있고요. 그런데 여기는 규모가 작다 보니까 이 집과 저 집이 연결되어 있었어요. 어떤 문제를 볼 때 윗세대, 아랫세대, 그 아랫세대를 다 같이 봐야 하는 거예요. 그냥 기도해 주고 잘 들어준다고 해결되는 게 아니라는 걸 보신 거죠.

새로운 목회 방법을 고안하시다가 청소년들이 비판적인 사고를 갖춰야 사회 메커니즘을 이해할 수 있고, 그래야 거기에 기가 죽는 게 아니라 그걸 넘어설 수 있다고 생각하게 되셨어요. 우리에게 그 힘을 주시려고 교회에서 독서, 글쓰기 훈련을 시키셨죠. 그러다 보니까 학교에서 가르쳐 주는 지식들 행간에 구조적인 불의가 보였어요. 학교 선생님들이 말하는 사회만 있는 게 아니라는 걸 좀 알게 됐죠.

작은 규모의 교회는 은빈에게 사회 메커니즘을 볼 수 있게 해주었고, 모두가 연결되어 있다는 것을 알려 주었으며, 다양한 부류의 사람들을 만날 수 있게 해주었다. 교회에는 집사님, 장로님 들이 있었는데 그 가운데에는 태극기 집회에 참석하는 분도 있었다. 은빈이 어렸을 때부터 같이 밥을 먹었고, 그 집에서 피아노를 배웠고, 때로 피자를 사주셨던 분들이었다.

젊은 이십대 여성이 기성세대 남성을 만날 때 겪는 불편함과 어려움을 그가 거의 겪지 않은 건 그 때문이었다. 은빈은 무례한 어르신을 만났을 때 몸이 굳고 마음을 닫는 대신에 한 번 더 말을 걸 수 있었다. 어르신들도 인격적으로 받아들여진다는 느낌이 들었기 때문이었을까, 그가 먼저 다가가면 우호적으로 대해 주었다.

김학성 할아버지와의 관계도 그렇게 만들어졌다. 할아버지를 처음 만난 건 '가난한 이들의 합동 사회장'에 가는 길이었다. 돈을 좀 달라는 노인을 모르는 척하며 지나갈 때도 있었지만, 그날은 그럴 수 없었다. 이 인연을 뿌리치고 합동 사회장에 가서 국화꽃을 올릴 수는 없을 것 같았다. 오늘 이 길에서 이 사람을 만난 데에는 분명 하나님의 뜻, 그러니까 어떤 의미가 있으리라고 생각했다. 이 사람이 진짜 괜찮은지 궁금했다. 갈 길이 바빴던지라 우선 연락처를 드리고 자리를 떠났다.

연락을 안 주실 수도 있잖아요. 전화가 오면 인연이라는 생각으로 드린 거예요. 근데 전화가 왔어요. 이 할아버지와 함께 간다고 생각했죠.
제가 할아버지가 없었기 때문에 하나님이 붙여 주신 내 할아버지라는 생각을 했어요. 또래만 친구가 될 수 있다고 생각하지는 않았기 때문에 이렇게 친구가 될 수도 있겠다 싶었고요.

그러니까 할아버지는 제가 시혜를 베푸는 대상이 아니라, 그냥 좀 늙고 아픈 친구였어요.

할아버지가 시한부라는 것도 알았기 때문에 할아버지를 위해 돈을 구하는 것도 내가 해보는 경험일 거라고 생각했어요. 저는 지금 젊으니까 병들고 늙은 몸이 어떤 상황에 처하는지 모르잖아요. 할아버지와 친구가 되면서 미리 경험해 보는 거라고 생각하고 잘 직면하고 싶었죠.

그는 초반에만 주변에서 후원을 받아 돈을 드렸고, 이후에는 사비로 집세와 기저귀 등의 비용을 충당했다. 돈을 따로 쓰는 데도, 저축 계획도 없었던 데다가 당시 활동가로서 펀딩을 받았던 덕분이라고 했다. 하지만 중요한 건 그가 그렇게 해도 아깝지 않다고 생각했기 때문일 것이다.

할아버지가 사는 곳은 사건·사고가 많았다. 아주 추운 겨울날, 어떤 사람의 월세가 밀리자 곧바로 용역 깡패가 들이닥쳐 짐을 빼고 쫓아냈다고 했다. 그 시기엔 지나가던 여성이 강간살인을 당하는 사건도 있었다. 할아버지는 은빈을 걱정하며 저녁에는 오지 말라고 했다. 은빈은 할아버지를 '우리 할아버지'라고 부른다. 〈청년기후긴급행동〉 활동으로 늘 바쁜 그는 최대한 짬을 내서 '우리 할아버지'를 만나러 갔다. 시한부의 삶이라는 것을 알았기에 시간을 유예시키지 말아야겠다 싶었다.

[할아버지와 함께 있는 시간은] 엄청 편했어요. 할아버지가 욕을 많이 하는데도 저한테는 존댓말을 쓰시고, 저를 불편하게 하지 않으셨어요. 같이 바람도 쐬고, 필요한 것도 사러 가고, 맛있는 것도 먹으러 가고요. 회의 사이에 한 시간 정도 떴을 때 짬 내서 가고, 약국 들러서 뭐 사서 택시 타고 가고, 비가 오면 그칠 때까지 쉬러 가고. 동네 이웃분들이랑 인사도 했고요. 할아버지 집이 엄청 좁긴 한데, 그래도 어쨌든 할아버지 공간이잖아요. 잠깐 눈 붙이러 가기도 했어요. 그런 시간이 빡빡하게 활동하는 일상 속에서 그나마 좀 숨통이 트이는 순간이었죠. 할아버지는 일하면서 만난 분이 아니니까. 한번 보고 오면 마음이 편하기도 하고 재밌기도 했어요.

이게 내 길이 맞나?

할아버지와 할아버지의 동네를 찾은 건 은빈만이 아니었다. 그는 부모님과 〈청년기후긴급행동〉 친구들도 초대했다. 할아버지 집에 다녀온 친구들만 스무 명은 된다. 나중에는 비상시에 연락할 사람들 리스트도 생겼다. 은빈이 비상연락망 1번이고 다른 멤버들이 그다음을 이었다. 멤버들은 은빈 없이도 초코파이와 파스를 사 들고 찾아갔다. 〈청년기후긴급행동〉 운영회의를 시작하며 하루를 공유할 때, 할아버지에게 다녀온 이야기도 함께 나눴다.

할아버지의 병세가 악화되면서 면회가 제한된 병원에 입원하는 일이 잦아졌다. 입원하는 시간이 길어지자 연락이 닿지 않는 날이 늘어 갔다. 그러던 어느 날 할아버지가 돌아가셨다는 이야기를, 그것도 무연고 사망으로 처리되었다는 이야기를 뒤늦게 전해 들었다. 할아버지 집에 〈청년기후긴급행동〉 멤버와 은빈과 함께 찍은 사진이 떡하니 걸려 있었는데, 무연고 사망이라니. 이렇게 보내드릴 수는 없었다. 〈청년기후긴급행동〉에서 사회장을 치렀다.

은빈은 할아버지가 어떤 생각을 가지고 있든, 어느 정파를 지지하든 자신은 언제나 그의 친구일 거라고 말했다. 그는 일종의 정치를 하려는 사람이지만, 그 '정치'가 옳고 그름을 따지며 싸우는 일은 아니다.

경남 합천에 있는 오두막 공동체라고, 출감하신 분들이랑 공동체를 이루며 사는 곳이 있어요. 그곳에서 목회하시는 이재영 목사님이 저희 교회에 오셨어요. 이야기를 들어보니 사회적으로 환영받지 못하거나 외면받는 이들, 소외된 이들과 함께 사는 것도 너무 좋겠더라고요. 복지나 기부로 만나는 게 아니라요.

그렇게 사는 게 오히려 제가 있어야 되는 자리, 제가 있고 싶은 위치거든요. 그걸 김학성 할아버지가 가능하게 해주셨죠. 삐까번쩍한 차를 타고 떵떵거리며 사는 친구들을 자랑스럽게 여기기보단, 김학성 할아버지랑 친구가 되고 연결된 일상을 사는 게 저에겐 더 안정적이에요.

김학성 할아버지의 일상을 함께 살폈고 지금 은빈의 일상을 채우고 있는 친구들은 어떤 이들일까? 〈청년기후긴급행동〉에 어떤 사람이 함께하는지 물었다.

첫번째는 혼자서는 못한다는 걸 아는 사람들, 두번째는 어설프게 하기보다는 할 거면 제대로 하고 싶어 하는 사람들이에요. 여기서 인증서가 나오는 것도 아니고, 스펙으로 인정받을 수 있는 대외활동도 아니고, 국가 지원이 되는 곳도 아니잖아요. 애초에 이 단체에 발을 들이는 사람들은 뭐랄까, 진짜 과업을 하고 싶어서 찾아오는 분들인 것 같아요.

'기후변화에 관한 정부 간 협의체'는 지구온난화를 막을 수 있는 데드라인이 점점 빠르게 다가오고 있다는 발표를 매년 하고 있다. 상황은 전년도보다 올해, 올해보다 내년에 더 나빠질 것이다. 지금으로서는 상상할 수도 없고 상상하고 싶지도 않다.

이 문명의 토대가 되고 있는 생태적인 기반이 붕괴한다면 어떻게 될까? 기후위기라는 의제가 주는 막막함이 있다. 하지만 〈청년기후긴급행동〉에는 오히려 그렇기 때문에 모여든 사람들로 북적인다. 이들은 더 나은 환경을 위해서 움직이는 게 아니라, "기후위기 앞에서 침묵하고 싶지 않기 때문에" 움직인다. 은빈은 전문가들이 책임져 줄 거라고 생각했던 문제를 더 이상 그들 손에만 맡겨 둘 수 없다고, 왜냐하면 기후위기의 영향을 온몸으로 받아내고 있는 건 우리이기 때문이라고 말한다.

역설적이지만 [〈청년기후긴급행동〉을 찾은 분들은] 한국 사회 체제의 악습을 온몸으로 체화한 분들이기도 해요. 저도 그렇고요. 능력주의와 자기 비관주의. 또 뭐가 있을까요. 아무튼, 그게 참 힘들기 때문에 거기서 벗어나고 싶은 욕구가 큰 거죠. 얼마나 해로운지 아니까. 내 몸에서 얼마나 잘 작동되고 있는지 그 위력을 봤으니까. 이런 삶은 안 살고 싶으니까 찾아오는 거예요.

성경 말씀에 비유하면, 예수는 건강한 이들을 만나러 오는 게 아니라 병자를 만나러 오는 거잖아요. 체제 전환이 절실한 사람들은 이 체제에 적응하고 거기서 인생을 잘 그리는 사람들이 아니라, 계속 불화하고 부적응하는 사람들이에요. '여기에 내 길이 있나?' '이게 내 길이 맞나?'

저는 그게 길들여지지 않은 야생성이라고 생각하거든요. 순응하지 못한 지점일 수도 있죠. 근데 뭐 어때요. 못한 거든, 안한 거든 간에 저는 그 감각을 살리는 게 되게 중요하다고 생각해요.

그런데 그 감각을 살리면 기존 체제에서는 부적응자나 불만분자, 혹은 본인이 화딱지 나서 못 견디는 사람이 되잖아요. 이 안에서는 그것 자체를 운동의 원동력으로 삼으려고 해요. 그러니까 멤버들도 좀 낯설다고 느끼죠. 서로가 낯설고, 서로 안 해본 걸 같이 시작하는 거예요.

연결의 효능감

〈청년기후긴급행동〉은 공룡 퍼포먼스와 불복종시위로 알려져 있지만, 외부 활동 못지않게 내부 활동도 활발하다. 그중 '뿌리 모임'이라는 게 있다. 일종의 소모임인데 멤버들에 의해 활발하게 굴러간다. 이들의 아지트 '공가'의 살림을 꾸리는 모임, 공가 한 켠의 작은 서가를 운영하는 모임, 기후우울증에 관한 글을 쓰는 모임, 기후위기 책을 읽는 모임, 그림을 그리는 모임 등이 있다. 외부에 목소리를 내는 것만큼이나, 때론 그보다 더 내부에서 들려오는 미세한 목소리에 귀 기울이는 걸 중요하게 생각한다.

바깥에 내보내는 것만 중요한 게 아니잖아요. 우리가 하는 모든 걸 다 밖으로 내보내야 된다는 강박은 없어요. 그걸 충분히 소화하는 것도 너무 중요한 걸 아니까요. 그러나 보니 자연스럽게 공동체성이 생기게 된 거예요. 사업이나 성과만 활동의 지표가 아니거든요.

〈청년기후긴급행동〉이 처음부터 공동체를 지향했던 건 아니다. 초창기에는 직접행동이라는 뚜렷한 목적이 있었고, 그를 위해 회의와 현장 액션에 집중했다. 그러던 어느 날 새로 들어온 멤버가 책상과 컴퓨터 앞을 벗어나 서로를 마주하고 싶다고, 같이 땀을 흘리고 싶다고 했다. 은빈은 그 멤버에게 발제를 부탁했고, 그를 중심으로 '몸'이라는 뿌리 모임이 생겼다. 몸 뿌리 모임은 요가를 하며 일상에서 몸을 맞댔고, 중요한 사업 중 하나로 자리 잡았다.

그러나 〈청년기후긴급행동〉이 공동체에 가까워질수록,

맞춰야 하는 것이 많아졌다.

젠더의 위계도 있고, 선거를 치르니까 지위의 위계도 있어요. '이곳은 이질감이 안 느껴지는 좋은 사람들만 있는 곳이야'라고 말할 수는 없죠. 서로 다른 욕구와 다른 결을 갖고 모였는데 당연히 삐그덕거리기도 하고, 안 맞는 사람이 있을 수도 있어요. 쉽지 않아요. 그거를 마주하는 것도 힘들고요.

하지만 우리가 하고 싶은 건 사실 '멋진 일', 그러니까 언론에 나가는 게 아니거든요. 같이 할 때 느끼는 이질감을 삼키지 말라고 해요. "조직이 이렇게 굴러가니까 내가 좀 참아야지", 이러지 말자고요. 활동하느라 바쁘지만, 그럼에도 적극적으로 들으려고 하죠. 그런 시그널이 나오면 포착하려 하고요.

속도가 문제일 수도 있고 시간이 문제일 수도 있어요. 누군가는 밤에 잠을 자야 되는데 회의가 밤에 열리면 그것 자체가 이질적이잖아요. '다들 바쁘니까 밤에 하는구나. 그래야지, 뭐.' 한 번은 배려 차원에서 할 수 있지만, 이게 문화가 되면 그 사람이 여기 존재하기 어려워져요. 그럴 때는 그 사람이 [조직을] 나가는 게 아니라 같이 얘기할 수 있어야 해요. 그래야 공존할 수 있어요.

같이 이야기하기 위한 공론장이라는 문화도 있다. 외부

이슈를 위한 자리가 아니라 온전히 내부의 목소리를 놓치지 않기 위한 자리다.

치열하게 진행됩니다. 귀한 자리죠. 멤버들이 느끼는 것들을 공유하고, 관련된 텍스트를 보면서 고민하기도 해요. 공론장이 열리면 우선 그걸 제안한 사람들이 가시화돼요. [공론화] 이전에는 그 문제가 소수의 직관적인 감각이었다면, 공론화 후에는 저희 안에 자리가 생기는 거죠.

멤버들이 발제를 하고 의견을 달면 그게 텍스트로 남아서 나중에 운영위원들이 의사 결정을 할 때 판단하는 근거가 되기도 하고요.

갑자기 사람들 앞에 나서서 자기 얘기를 하기가 쉽지 않잖아요. 내 얘기가 맞는지도 모르겠고, 50명 앞에서 자기가 느끼는 고유한 감각을 드러내는 것도 어려워요. 발화의 주체가 되어 보는 것, 그것도 훈련이죠.

어떤 인센티브가 있어서 이런 활동을 하는 게 아니잖아요. 이 조직은 비영리 민간단체고, 임의단체고, 체계도 헐거워요. 그럼에도 선명하게 집단이 주체가 돼서 움직일 수 있는 건 멤버들이 자신을 조직의 n분의 1로 보는 게 아니라, 한 명 한 명 다 연결돼 있고 서로서로가 얽혀 있다는 감각을 가지고 일궈 나가기 때문이에요.

그 자체로 이미 효능감이 생겨요. 활동을 위한 활동이 아니라 나한테, 우리한테 필요한 거니까 마음을 모으고 시간을 쓰죠. 그게 우리가 같이하게 되는 원동력이에요.

똥이 퇴비가 될 수 있기를

첫 인터뷰에서 은빈에게 〈청년기후긴급행동〉 내부에 성폭력 사건이 발생했고, 성폭력 사건 대책위원회(이하 대책위)가 꾸려진 상태라는 이야기를 들었다. 조만간 공론화할 예정이라는 말에 더 묻지 않았다.

이후 〈청년기후긴급행동〉 공식 SNS에 가해자인 〈청년기후긴급행동〉 공동대표 해임 및 잠정 활동 중지에 대한 안내가 올라왔고, 연이어 또 다른 공동대표였던 은빈의 피해자 발화문이 올라왔다. 그로부터 석 달 뒤에 공개 토론회가 열렸다. '성폭력 사건 이후, 공동체적 회복'이라는 이름으로 대책위 위원들의 발제와 외부 토론자들의 토론이 3시간가량 진행되었다.

공개 토론회 자리에서 대책위가 얼마나 숨 가쁘게 달려왔는지 느낄 수 있었다. 대책위는 빠르게 꾸려짐과 동시에 가해자와 피해자를 즉각 분리시켰고, 첫 3~4주 사이에만 열여

섯 차례 회의를 진행했다. 한 주에 거의 네다섯 번 회의를 한 셈이다. 위원들이 일상의 우선순위를 조정하면서까지 온 힘을 다했다.

그 뒤로는 가해자 교육 환경을 만들고, 멤버 누구든 이와 관련한 심정을 토로할 수 있도록 핫라인을 구축하고, 피해자 전담 소통인을 지정했으며, 외부 단체에 적극적으로 도움을 요청했고, 내부적으로 이야기 나누는 자리를 만들었다. 처음 만들어졌을 때 한 달, 길어야 두 달을 생각했던 대책위는 8개월이 넘는 활동을 한 뒤 공개 토론회 자리에서 공식적으로 해체했다. 대책위가 떠난 자리에 상시 기구인 반反성폭력 기구가 신설되었다.

공개 토론회에서 사건의 경위를 다루긴 했지만, 사건의 진위와 잘잘못을 따지지는 않았다. 그보단 사건을 공동체적 현안으로 풀어내는 데 초점을 맞췄다. 〈청년기후긴급행동〉 내에서 젠더불평등 관계는 꾸준히 지적되어 온 문제였다고 했다. 여성이 더 많은데도 남성 활동가들이 주로 기자회견에서 발언했고, 의사결정 영향력도 더 갖고 있었다.

멤버들은 이 사건을 계기로 "우리가 놓쳐 왔던 문화와 분위기, 행위"를 이야기해 나갔다. 이들은 자신들이 "가해와 피해자가 발생한 환경"임을 넘어서 "가해의 주체이고, 공범자"이며 동시에 "각자의 피해와 불안을 상기하게 되는 피해자"(『공개 토론회 자료집』 중)라고 말했다.

성폭력 사건 공론화를 적극적으로 원한 것은 은빈이었
다. 그는 내게 자신이 무딘 편이라 괜찮다고 말했다. 그렇다
고 해서 그에게 가해진 폭력이 없던 일이 되는 건 아니다. 다
만 그는 이 사건에 얽힌 문제를 공동체에서 함께 풀어 보고자
용기 낸 것이었다.

기후위기 문제도 그렇고, 다른 문제가 아니라고 생각해요. 재
판을 하며 생각한 건데요, 기후위기에 책임이 있는 기업을 퇴
출시킬 수는 없잖아요. 석탄화력발전소 짓는 데 사인했던 노
동자들은 다 낙인이 찍히게 될 거예요. 그 사람들 망하라고 그
럴 수 없는 거잖아요. 그게 중요한 게 아니라 기후위기에 맞는
삶을 살 수 있도록 재편되어야 하는 거죠.

이 세상에 누군가는 계속 똥을 싸는데 그걸 막을 수는 없어요.
그 똥을 방치해 놓거나 계속 피해 가면 벌레가 꼬이고 악취가
나요. 하지만 그걸 긁어서 퇴비함으로 옮겨 놓으면 달라지잖
아요. 충분한 시간이 지나거나, 혹은 생명력이 있는 토양이라
면 자체적으로 거름이 되니까요. 손가락질하는 게 아닌, 품는
방식의 정의도 분명히 있을 거라고 생각했어요.

토론회에서 누가 무슨 잘못을 했고, 이런 거에 집중하지 않아
도 할 수 있는 이야기가, 해야 될 이야기가 정말 많아요. 가해

자 후속 조치는 분명 있겠지만, 중요한 건 이제부터 시작되는 게 있다는 거죠.

은빈이 용기를 냈고, 멤버들이 화답해 주었다. '너'의 문제로 놔두지 않고 '나'의 문제로 소화한 멤버들은 '우리'의 다음을 이야기할 수 있었다. 대책위 위원 중 한 명은 이 사건이 있기 전까지 자신에게 이곳이 꼭 공동체일 필요는 없었던 것 같다고 말했다. 대책위 일을 하면서 처음으로 이곳이 어떤 공동체인지 고민하게 되었다고 말이다. 또 이 사건을 계기로 멤버들은 "이제 시작이다"라는 말을 많이 한다고도 했다. 단체는 사라지지 않았고, 이전보다 젠더 문제나 여성의 몸에 대해 이야기하고 싶어 하는 멤버들은 늘어났다. 피해자의 발화에 응답하는 과정에서 새로운 질문을 가지게 된 이들이 새로운 운영위원으로 선출되었다.

대책위는 여러 한계가 있었음을 인정하면서도 공동체적 회복이란 이러한 것이어야 한다고, 지난 몇 개월간의 활동을 통해 결론을 내렸다.

사건 이후 모든 구성원은 다른 관계가 되어야 하고 다른 존재가 되어야 한다. 즉, 다른 관계로서 피해자, 가해자, 구성원이 각각 사건 이후에 폭력을 행하거나 당하지 않고 충분히 연결된 관계 속에서 살아갈 수 있는 것이 회복이다. 이에 따라 공동체가 더 나은 관계로 잘 자리 잡는 것이 필수적이며 (……) 이렇게 장기적인 책임을 이행하고 관계를 전환하고, 위기와 폭력으로부터 그전까지의 구조와 문화를 돌아보는 태도는 '기후정의'의 원칙과 닮아 있다. 가해자를 내쫓은 채 없던 일로 하고 단절의 방식으로, 응보적으로 되갚아주는 게 아니다. 여전히 더 큰 사회의 구성원으로서, 우리가만들어 갈 세상의 구성원으로서 다르게 살 수 있도록 하는것이다. 역사적으로 기후위기에 더 큰 책임이 있는 국가, 생태학살을 저지르는 기업들이 어떻게 책임지고 변화하여 다시 제역할을 하게 할지 고민하는 것이다.(『공개 토론회 자료집』 중)

공개 토론회에는 〈청년기후긴급행동〉에서 예상한 것보다 더 많은 사람들이 참석했다. 멤버들만큼이나 외부에서 온사람들이 많았다. 연령도 성별도 다양했다. 진행되는 세 시간동안 굉장한 몰입감이 장내를 채웠다. 나는 맨 뒤에 앉아서사람들이 열심히 무언가를 적고 골똘히 생각에 잠기는 모습,발제를 듣던 중 격하게 고개를 끄덕이는 모습을 보았다. 나중에 〈청년기후긴급행동〉에서 받은 후기를 통해 꽤 많은 외부참가자들이 공동체 내 성폭력 사건으로 상처나 트라우마를 갖고 있는 사람들이었다는 걸 알 수 있었다.

나가며

은빈은 공개 토론회에서 얼굴을 거의 비추지 않았다. 공개 토론회의 구성도 은빈을 앞세우거나, 은빈에게 모든 짐을 지우려는 식으로 짜이지 않았다. 여타 다른 일정이나 행사와 달리, 그는 가장 맨 뒤에 서서 대책위 위원들을 따라갔다. 그가 나선 건 딱 한 번, 공개 토론회를 시작하기에 앞서 YB의 「흰수염고래」 노래를 부를 때였다.

　　작은 연못에서 시작된 길

　　바다로 바다로 갈 수 있음 좋겠네

　　어쩌면 그 험한 길에 지칠지 몰라

　　걸어도 걸어도 더딘 발걸음에

　　너 가는 길이 너무 지치고 힘들 때

　　말을 해줘 숨기지 마 넌 혼자가 아니야

　　우리도 언젠가 흰수염고래처럼 헤엄쳐

　　두려움 없이 이 넓은 세상 살아갈 수 있길

　　그런 사람이길

(YB, 「흰수염고래」)

노래는 같이 무언가 나누는 느낌이 나잖아요. 선곡하는 것도 재밌어요. 재판에 앞서 기자회견 할 때는 「가리워진 길」(유재하)을 불렀고, 두산중공업 앞에서 시위했을 때는 <원피스> 주제가 「우리의 꿈」을 불렀죠. 이번에는 흰수염고래처럼 살 수 있으면 좋겠다는 마음으로 골랐어요. 그렇게 나아가자. 제가 멤버들에게 들었던 응원이나 위로, 지지의 말이기도 했고요. 저 스스로한테도, 또 그 자리에 오신 분들한테도 하고 싶었던 말이었어요.

이번 사건을 통해 <청년기후긴급행동>에 은빈의 빈틈이 자연스레 드러났다. 그러나 그것이 공격의 대상이 되지 않았다. 사람은 누구나 취약하다. 누군가는 속도가 느릴 수 있고, 누군가는 약속 지키는 걸 어려워할 수 있는 것처럼 은빈의 어딘가에도 틈이 있다. 취약성이 악용되지 않을 수 있다면 오히려 관계를 더 풍성하게 만들어 주기도 한다. 과거에 은빈은 멤버들 사이에서 책임감과 추동력 있는 강직한 대표였지만, 이제는 그와 동시에 돌보고 돌봄을 받을 필요가 있는 존재도 되었다.

은빈은 일 년 동안 증언을 통해 친구들을 따돌린 가해자였다가, 공론화를 통해 성폭력을 당한 피해자도 되었다. 그가 가해자였다는 사실을 공공연하게 밝힘으로써 어떤 세계를 파괴할 수 있는 인간의 무서움이 드러났다면 이번 사건을 통해서는 젠더 권력이 어디든 존재한다는 것, 그리고 돌봄의 공동체가 필요하다는 것이 드러났다.

CICC에서 재판이 있고 얼마 뒤, 지구의 날 행사가 열렸다. 몰아치는 일정에 지쳤던 멤버들은 지구의 날 행사에서만큼은 쉬어가기로 했다. 그들이 쉬는 방법은 빠른 속도를 늦추고, 현안에 치였던 멤버들의 이야기에 귀 기울이는 것이었다. 그날 은빈을 비롯한 멤버들은 커다란 나무 아래 모여 앉았다. 그동안 어떤 폭력 속에서 살아왔는지 이야기를 나누다가 함께 한참을 울었고, 또 즐거워서 한참을 웃었다고 했다.

〈청년기후긴급행동〉은 새 선거를 치렀다. "진짜 하고 싶은 게 많거든요"라고 말하는 그는 대표의 책임에서 자유로운 상태로 재밌는 작당을 해보고 싶었다. 그러나 대표로 나서는 이가 없어 다시 한번 대표가 되었다. 대표는 그대로지만 〈청년기후긴급행동〉에는 많은 변화가 생겼다. 새로 출범한 운영위는 강단 있는 대표를 견제하며 일의 속도를 늦추고, 함께 회복하며 모두가 주체적으로 나서는 조직의 모습을 그린다.

내가 만난 은빈의 장난기 어린 콧망울, 똘망똘망한 눈, 많은 것을 삼키고 있는 듯한 입가에는 항상 피곤함이 매달려 있었다. 새롭게 꾸려질 〈청년기후긴급행동〉의 활동은 은빈에게 어떤 표정을 가져다줄까. 전면에 드러나지 않는 곳에서 서로를 돌보고 가꾸어 나감으로써 세계를 움직일 그들의 '정치' 활동에 응원의 마음을 보낸다.

☆소영 인터뷰

세상과 불화하는, 그래서 세상과 연결되려는 사람

CICC 재판에 은빈과 함께 증인으로 오른 사람이 또 있다. 소영이다. 소영은 까만 정장을 입고 발언대 앞에 섰다. 떨리는 목소리로 마음을 꾹꾹 담아 눌러 한마디, 한마디를 이어 나갔다. 그는 운영위원이 아닌데도 〈청년기후긴급행동〉에서 CICC 일을 이끌었다. 멤버들이 소영의 마음에 화답해 준 덕분이었다.

소영의 인터뷰는 '공가'에서 했다. 공가는 〈청년기후긴급행동〉 멤버들의 일터이자 집이다. 지방에서 올라오는 멤버들이 묵고, 함께 모여 일도 한다. 뿌리 모임 멤버들이 모여서 글을 쓰거나 그림을 그리기도 하고, 함께 밥을 해 먹기도 한다. 공가의 방 하나에는 이전에 만들어 두었던 피켓이 가득하다. 그 옆으로는 바람이 빠져 쪼글쪼글한 공룡 옷이 가방 안에 들어 있다. 맞은편에는 작은 서가가 있다. 지구와 기후위기에 관한 책이 주를 이룬다.

공가의 식탁에 마주 앉은 그가 함박웃음을 짓는다. 그 얼굴은

'세상에서 가장 행복한 동물'이라는 별명을 가지고 있는 쿼카를 닮았다. 웃지 않을 때는 온갖 동물들에게 등을 내어주는 카피바라 같기도 하다. 쿼카와 카피바라의 공통점은 다른 종에게도 곁을 주는 동물이라는 것이다. 소영은 이 지구의 다른 존재에게도 곁을 내주고 싶은 사람이자, 〈청년기후긴급행동〉 멤버들 곁에 자리한 사람이다. 그가 직접 내려준 꽃차의 향기가 공가를 채웠다.

'이렇게'는 못 살겠는 사람

고은　　긴급행동에 어떻게 들어오게 되셨나요?

소영　　저는 뭐든 열심히, 성실하게 하려고 노력하는 사람이었어요. 어렸을 때부터 무난한 사람이 되는, 튀지 않고 예쁨 받는 방법을 습득했어요. 대학을 졸업하자마자 안정적인 직장에 들어가게 됐어요. 9시에 출근해서 6시에, 때로는 2시에 끝나기도 했죠. '꿀직장'이라고 하는 데였어요. 그런데 내 인생이 내 것 같지 않더라고요. 계약 기간이 끝나기만 기다렸어요. 직장을 그만둘 때는 핑계를 만들어야 했죠. 왜냐면 저는 그곳에서 둥글둥글하니 잘 지내는 사람처럼 보였거든요. 어떤 핑계를 댈까 하다가, 그때 제 안의 불꽃을 자극한 영화가 있었어요. 다큐멘터리 〈슬픔과 극복의 태피스트리〉 (The Magnitude of All Things, 제니퍼 애봇 감독, 2020)예요.

영화에서 감독이 동생을 잃은 상실감으로 기후위기의 심각성을 깨달아요. 감독에게는 기후변화로 산불이 나서 사람과 동식물이 사라지는 것과 동생이 병들어서 사라지는 것이 겹쳐 보였나 봐요. 그 두 이야기를 뜨개질하듯이 왔다 갔다 하면서 보여 주는데, 저는 그때 처음으로 상실감이라는 감정에 관해서 생각해 보게 됐어요.

지금껏 인생에서 크게 잃어 본 게 없다고 생각했었는데요. 그 이야기를 들으면서 너무 슬펐고 아팠고 연결돼 있다는 느낌이 들었어요. 이 세상 수많은 곳에서 일어나는 사라짐에 대해서 생각해 보게 된 거죠. 그런데 반대로 저의 일상은 너무 안온한 거예요. 이 세상의 아픔을 온전히 바라보지 못하고 꽉 막힌 사무실에 하루 종일 있는 게 말이 안 된다. 그래서 엄마, 아빠, 팀장님, 저 대학원 가겠습니다, 일 그만둘 겁니다, 하고 선전포고를 했죠.

환경대학원을 준비했는데, 경험도 없고 준비도 실력도 부족했어요. 항상 뭘 잘하는 사람이었는데 처음으로 아닐 수도 있다는 걸 깨달았죠. 그리고 NGO에 들어갔는데, 제가 의견을 내거나 생각을 말할 때 통하지 않는다는 느낌이 들었어요. 진짜 많이 힘들었던 것 같아요. 나도 지구와 환경에 대한 생각이 있는데 석박사 출신 연구자가 아니라 내 이야기가 묻힐 수도 있네, 라는 걸 경험했죠. 무시를 당할 바에 그냥 이해하는 척하고 사람들의 의견을 따라갔어요. 그러다가 자연스럽게 〈청년기후긴급행동〉에 합류하게 됐죠.

고은　　〈청년기후긴급행동〉에 와 보니 어떠셨어요?

소영　　사실 저희 멤버들은 서로 나이도 학교도 잘 몰라요. 제가 어떤 일을 하는지, 몇 살인지, 어떤 학교에 다니는지, 졸업은 했는지 물어보지 않고 온전히 저의 생각, 이야기를 경청해 줘요. 이전 직장과 달리 경청해 주는 태도에 매료가 되어서 끌렸던 것 같아요.

또 이전 직장에서는 말하거나 행동할 때 '내가 해도 되는 걸까?' 하면서 제 생각을 지우려고 했는데, 여기선 오히려 제가 한계를 넘기를 기다려 줘요. 나는 할 수 없다고 말하는데, 자기네들이 뭐길래 계속 아니래요. (웃음) 제가 더 많은 것을 말할 수 있고, 더 많은 영향력을 줄 수 있는 사람이래요. 저의 가치를 제가 알아볼 수 있을 때까지 기다려 준다는 느낌이 들어요. 한계를 넘으라는 게 아니라 한계가 없다는 게 더 정확하겠네요. 무궁무진하다고 말하니까요.

믿고, 기다리고, 함께하는 동료들

고은　어떻게 CICC 일을 총괄하게 되셨나요?

소영　사실 제가 할 수 있다고는 생각하지 못했어요. 저는 전년도 하반기에 들어온 사람이고, 〈청년기후긴급행동〉의 생태에 대해서도 잘 이해하지 못한 상태였거든요. CICC와 관련된 전시를 은빈 님과 함께 봤는데, 이야기를 나누면서 서로 통했던 것 같아요. 눈빛으로 서로의 감각을 믿고 있다는 걸 알 수 있었어요. 여기서 보고 생각한 걸 잘 이어 보고 싶다는 믿음이 서로에게 있었죠.

CICC를 진행하는 교수님이 저희를 재판의 증인으로 초대해 주셨어요. CICC는 큰 의미를 다루는 재판소였고, 은빈 님과 저 둘이서만 할 수 있는 일이 아니었어요. 항상 바쁘게 돌아가는 긴급행동에 새로운 맥락으로 끼어들어야 했죠. 그래서 처음으로 긴 편지를 썼어요. 함께할 멤버를 모집하기 위해서 신호를 보내야 했거든요. 멸종된 동물들이 나의 마음에 불씨를 지폈는데, 이걸 여러분이 알아봐 주고 같이해 달라는 신호를요.

며칠 고민하면서 글을 썼어요. 기후변화에 관해 관심을 갖게 된 지 얼마 되지 않았지만 우리가 사는 세상이 이상하다는 건 안다. 지금 뭔가 잘못 돌아가고 있다. 전시에서 본 멸종된 동물들의 그림을 보면서 뭔가를 하지 않으면, 이 기회를 놓치면 안 될 것 같다. 이렇게 이야기를 전했고 거기에 12명의 멤버들이 화답해 줬어요.

저희가 전체는 50명 정도고, 활발하게 활동하시는 분들은 30명 정도예요. 저 정도 인원이 참여해 주신 건 정말 놀라운 결과였죠. 제가 같이해 달라고 포문을 연 다음부터는 다들 본인의 목소리와 결로, 자기 자리에서 할 수 있는 것들을 하는 거예요. 어떤 사람은 영상을 만들고 싶어 했고, 어떤 사람은 논문을 소화하고 싶어 했어요.

고은   소영 님은 세 명의 증인 중 한 명으로 자리에 서기도 하셨 잖아요. 어떤 이야기를 하고 싶으셨어요?

소영   그 자리에 오는 사람들에게 '진짜 이야기'를 하고 싶었어요. 저는 항상 멋져 보이는 말을 히고 싶고, 주어진 일을 쳐내기 바쁜 사람이었는데 이번만큼은 그러고 싶지 않았어요. 내가 이 세상에 존재하며 느끼는 슬픔과 억압에 대해서 태피스트리처럼 잘 엮어서 사람들한테 말하면 한 명이라도 반응하는 사람이 있을 거라고 생각했어요. 한 달 넘게 10명이 넘는 사람들이 CICC를 준비하고 제가 그곳에서 증인으로 마이크를 잡았을 때, 그건 정말 새로운 경험이었어요. 멤버들의 에너지를 잘 담고 싶었는데요. 이야기 들어주는 분들의 표정이 말해 주더라고요. 이 이야기를 진짜 듣고 있구나.

어떻게 보면 제가 처음으로, 이 세상이 잘못되었고, 나는 지금 저항하고 있다고 선언한 날이었단 말이에요. 안온하게 살아왔던 저의 일상에 저항이라는 단어가 끼어드니까 삶의 무게가 다르게 느껴졌어요. 골치가 아픈 거예요. 저항이라는 키워드를 계속 내 인생에서 끌고 간다면 예전처럼 편하게 살 수 없을 거라는 걸 너무 잘 알겠는데, 그걸 버리기에는 내가 <긴급행동>에서 경험하고 있는 여정들이 저항 자체고… 저는 요즘에 딱 경계에 걸쳐진 상태예요. 조금 나아가 볼까? 아니야, 조금 더 몸 사려야겠다. 왔다 갔다 하면서 지내는 것 같아요.

아픔으로 연결됐던, 용기를 얻어 벅찼던 시간

고은　　CICC 끝나고는 어떠셨어요?

소영　　사실 우리가 삼척 사람도 아니고 베트남 사람도 아닌데 어떻게 증인이 될 수 있을까 고민했어요. 그때 멤버들이 우리는 이미 다 연결돼 있는 존재들인데 다만 까먹고 있을 뿐이다, 그 도시 청년들의 이야기가 곧 나의 이야기이고 그들이 억압당하고 희생당하며 사는 세상이 내 세상이다, 라고 얘기해 줬어요. 멤버들 덕분에 우리가 누군가에게 피해를 주면서 내가 피해를 입으면서 살아갈 수밖에 없는 무한 성장의 굴레 안에 있다는 걸 발견했어요.

멤버들이 다들 자기의 잠을 쪼개고 에너지를 쪼개서 힘을 내줬거든요. 그냥 나를 도와준 게 아니고, 저 사람들 한 명 한 명도 이 세상과 불화하고 있는 자기 모습을 발견하는 시간이었겠다… 그러니까 이게 저 혼자 저항하는 이야기가 아니라는 걸 알겠더라고요.

이 사람들이랑은 대안을 상상해 볼 수도 있겠다는 이상한 용기가 생겨서 벅찬, 감격스러운 마음이 들었어요. 아, 지금 너무 좋은 얘기만 하는 것 같네요.(웃음)

고은 　그러면 아쉬운 점도 말해 주세요. (웃음)

소영 　이 사회가 성장을 추구하기 때문에 굴러가는 곳이 많잖아요. 저희도 갈려 나간다는 말을 참 많이 썼던 것 같아요. 조금만 잘못하면 우리가 저항하고자 하는 사회의 모습을 그대로 따라 하게 된다는 걸 알았어요. CICC 끝나고 연이어 지구의 날을 또 준비해야 됐거든요. 다 지쳐 있는데 뭔가를 또 해야 되는 거잖아요. 그래서 그때 적극적으로 지구의 날 행사를 기획하는 사람들에게 말해서 합의하는 과정이 있었어요. 억압된 경험을 끄집어내고 나의 해방을, 지구의 해방을 선언하는 날인데 우리가 여기서 일을 더 벌이면 안 되겠다, 하고요.

그래서 지구의 날은 기대를 안 했어요. 준비한 게 없다고 생각했거든요. 그런데 정말 좋았어요. 그때 기점으로 뭔가 다른 결이 생겨났어요. 큰 나무 아래 앉아서 사람들이 어떤 삶을 살아왔는지 이야기하는 시간을 가졌거든요. 내가 피해자로서 또는 가해자로서 있어야 되는 세상에 살고 싶지 않고, 이제는 뭔가 다르게 살고 싶다는 걸 용기 내서 말하는 자리였어요. 그 이야기들이 지나간 자리에서 저희는 예전과 달라질 수밖에 없겠더라고요.

고은　　마지막으로 여쭤 보고 싶은데요. 기후운동은 어떤 운동이라고 생각하세요?

소영　　지금의 기후위기는 인간들이 자신이 어떤 존재인지 잊어버렸기 때문에 파생된 결과라고 생각해요. 지구라는 터전에는 정말 많은 생명이 살고 있는데, 공존해야 살 수 있는데, 인간이 생태계보다 우월하다는 오만함이 있는 거죠. 기술이 발전하면 더 좋은 세상을 만들 수 있어, 우리가 더 많은 자원을 착취할 수 있어, 더 편리한 삶을 살 수 있어. 마치 우리가 연결돼 있는 모든 것을 다 끊어내면서 정복하려고 한 것 같아요.

그런데 저는 그 모습이 인간과 지구의 관계에서만 드러나는 게 아니라 사회의 불평등의 착취 구조와도 닮았다는 생각이 들어요. 긴급행동의 어떤 멤버가 이런 얘기를 했어요. 우리는 기후운동의 'ㄱ'도 꺼내지 않고도 기후운동을 할 수 있어야 되는 것 같다고요.

지진이 나고 산사태가 나고 산불이 나는 건 결과라고 생각해요. 거기에 문제의 본질이 있는 것 같진 않아요. 저는 자본이 큰 몫을 했다고 생각해요. 생명보다 자본을 우선시하는 세계에 살고 있기 때문에 노동자가, 여성이 죽어 나가고 동물과 식물이 멸종되더라도 돈을 벌 수 있으면 괜찮은 거예요. 생태의 관점을 통해서, 기후의 관점을 통해서 이 세계에서 폭력이 용인되는 문제점을 드러내고 싶어요.

온마음을 다하는 공부

인문학공동체 살림꾼 **윤하**

서울 충무로역에서 나지막한 오르막길을 따라 10분 정도 올라가면 작은 인쇄 골목이 나온다. 지난 10년 사이 이곳의 인쇄소가 조금씩 사라지고 있다. 그 자리를 대신해서 인근 대학교 학생들을 타깃으로 하는 카페와 식당이 들어섰다. 눈에 잘 보이지는 않지만 카페와 식당 못지않게 은근히 증식하는 곳이 또 있었으니, 바로 인문학 공간이다.

〈남산강학원〉은 고전평론가 고미숙으로 유명한 〈감이당〉과 같은 공간을 사용한다. 〈남산강학원〉은 〈수유+너머〉에서 분화된 인문학 공간 중 하나인데, 이제는 이곳에서 분화되어 나간 공동체들이 충무로 일대에 작은 마을을 이루고 있다. 이름도, 운영하는 사람도, 공부와 활동의 내용도 다르지만 때로 밥을 같이 먹고 공간도 함께 사용한다.

〈남산강학원〉에 중장년이 많이 찾지만 공간은 청년이 운영하고 있다. 그들은 100평 남짓의 두 층을 쓸고 닦고, 세미나를 열고, 회원을 챙기고, 주방을 관리하고, 남는 시간에는 공부방에 앉아 책을 읽고 글을 쓴다. 윤하는 그들 중 가장 오래 이곳에서 생활했다.

공부하고 활동하는 청년들은 더러 있어도 살림을 주활동으로 삼는 이들은 드물다. 살림은 비교적 중요하지 않은 일, 때로는 비루한 일로 여겨지기 때문이다. 그러나 어떤 인문학공동체들은 공동체 꾸리는 일을 중요하게 여긴다. 여기서 인문학공동체에서 공부하는 청년들은 괴리감을 느낀다. 이들은 오랜 시간 살림 꾸리는 법을 갈고닦았음에도 그것이 자신의 스펙이라고, 능력이라고 말하기가 쉽지 않다. 윤하를 비롯한 몇몇 청년들은 인문학공동체에서 공부하며 책을 냈는데, 그 책들의 북토크에서 사회에서 밀려나는 듯한 무기함을 느낀다고 했다.

그럼에도 윤하는 어떻게 인문학공동체에 8년이나 있게 됐을까? 그는 이곳에서 무얼 배우고 있을까?

철학적으로 사는 법을 배우다

그가 〈남산강학원〉에 온 건 중학교를 졸업하고였다. 홈스쿨링을 하거나 대학에 진학해서 미술을 공부하려고 했는데 윤하의 표현에 따르면 "코가 꿰었다." 일주일에 한 번씩 세미나를 들으러 오간 지 2년이 되던 해, 청년을 위한 장기 프로그램이 열렸다. 거기 발을 들였다 8년째 함께하고 있다.

공동체 공부는 자격증이나 자기계발을 위한 학원 공부도 아니고, 졸업장이나 학위를 주는 강단 공부도 아니다. 비교하자면 차라리 고대 공자의 학단이나 플라톤의 아카데미아, 붓다의 수행집단에 더 가까워 보인다. 철학자 피에르 아도는 『고대 철학이란 무엇인가』(이세진 옮김, 열린책들, 2017)에서 고대에 철학을 한다는 것과 오늘날 일반적으로 철학을 한다는 것 사이에 아주 큰 차이가 있다고 말했다. 고대에는 특정한 학파, 그러니까 공동체를 벗어나는 철학이 없었다. 이때 철학이란 특정한 삶의 양식을 살아내는 것을 의미한다.

토론을 하는 것이나 지식을 습득하는 것만으로는 공동체 공부를 다 설명할 수 없다. 대단히 멋진 이론이나 깔끔한 카피문구로도 부족하다. 공동체 공부의 철학은 하루의 일과를 어떤 방식으로 채우는지, 밥은 어떻게 먹고 사람들과 인사는 어떻게 나누는지, 무엇을 회의 주제로 삼고 어떤 방식으로 문제를 해결하는지에 있다. 일상을 바꾸고 꾸리는 방식으로 실천되지 않는 철학은 공부가 아니고, 그렇게 공부하지 않는 사람은 공동체에 함께할 수 없다.

공부공동체에서 윤하는 어떻게 공부하고 있을까? 그의

아침은 암송으로 시작된다.

[공동체 친구들과] 같이 사는 느낌이 따로 안 들 정도로 〈남산 강학원〉에 나와서 공부하고 집에선 거의 잠만 자니까요. 같이 사는 친구들하고 집에서보다 여기서 더 많이 보거든요. 〈남산 강학원〉 연구실 근처에 지내기 위해서 같이 사는 느낌이에요. 하루는 늘 비슷해요. 아침에 암송을 하고 있어요. 달라이 라마와 남아공에서 인권운동을 하셨던 데스몬드 투투 주교님의 대화집이 있는데요.[*The Book of JOY*. 한국에서는 『JOY 기쁨의 발견』(안희경 옮김, 하루헌, 2023)으로 번역됐다.] 영어 공부를 위해서 그걸 외우고 있고요. 세미나를 하고 있어서 『장자』도 한자로 조금씩 외우고 있어요.

세미나나 강의가 있으면 수업을 듣고, [세미나나 강의가] 없는 시간에는 준비를 하며 책을 읽고 글을 써요. 친구들이랑 같이 점심과 저녁을 먹고 청소도 하고 회의도 하고, 그렇습니다.

눈으로 글자를 읽는 것과 외워서 소리 내는 것은 전혀 다른 공부법이다. 암송할 때는 자판기 누르면 음료가 나오듯 문장을 줄줄이 읊을 수 있어야 한다. 오랜 시간에 걸쳐서 문장을 몸에 절여 놓는 발효 작업과 같다. 문장과 몸이 만나 무언가가 분해되고 무언가가 새로이 생성된다. 언어를 읽는 행위가 아니라 언어를 체험하는 행위인 셈이다.

암송은 해도 [실력이] 늘지 않아요. 그냥 많이 외워야 해요. 외워 놓으면 가끔 생각나더라고요. 관련된 주제로 대화를 하면 머리 뒤편에서 스치고 지나가요. 글 쓸 때도 암송해 놓은 게 생각나서 쓰기도 하고요.

윤하는 암송뿐만 아니라 독서도 글쓰기도 몸에 익히는 방식으로 해나간다. 지식을 화두로 삼는 것이 아니라 스스로를, 자신을 이끄는 삶의 가치를 화두로 삼는다. 그의 공부는 철학을 배우는 것이라기보단 '어떻게 살 것인가', 즉 철학적으로 사는 법을 배우는 것에 가까워 보인다.

제가 생각이 많지 않은 편인데 책을 읽거나 글을 쓸 때는 생각을 하게 되잖아요. 내가 어떻게 살고 있는지, 마음을 쓰고 있는지도 보게 되고. 물론 책 읽는 거에 한정시켜서 보면 피곤하고 자고 싶을 때도 있습니다. 여기까지만 읽고 잘까? (웃음)

『청년, 연암을 만나다』(남다영·원자연·이윤하, 북드라망, 2020)는 그렇게 친구들과 한 꼭지씩 썼던 글을 묶어 낸 책이다. 그는 연암과 자신을 이렇게도 엮어 보고 저렇게도 엮어

보며 18세기와 21세기를 넘나들었다. 그에게 글쓰기는 의견 피력을 위한 도구나 출판을 위한 수단이 아니라 일종의 훈련 과정이었다. 꼭 어딘가에 도달하지 않아도 과정 자체로 의미가 있었다.

집중해서 어떤 주제를 들여다보고, 연암에 대해서 생각하고, 나에 대해서 생각하는 과정 자체가 좋았어요. 명상하듯이 글을 썼죠.

"글을 더 읽어 가다 보니 그런 '좋은 사람'의 면모가 연암이 삶에 대해서, 타자와의 관계에서, 글을 쓰는 데 있어서 가지고 있는 자기 윤리-원칙으로부터 나온다는 것을 알게 되었다. (……) '좋은 사람' 연암은 내게 '살아야' 한다, '잘' 살아야 한다고 가르쳤다." (이윤하, 「무기력한 청년의 연암 읽기」, 『청년, 연암을 만나다』, 17쪽)

도움이 되는 사람

연암으로 시작된 동양고전과의 인연은 지금까지 『장자』와 불교로 이어지고 있다. 〈남산강학원〉이 동양고전만 공부하는 곳은 아니다. 서양철학도 있고, 과학도 있고, 외국어도 있다. 윤하는 어쩌다가 동양고전 공부를 주된 공부로 삼게 되었을까? 처음에는 주위의 제안에서 시작했지만, 계속하게 된 건 꼭 그 이유 때문만은 아닐 것이다. 잘 맞지 않는 공부를 하려면 괴롭고 힘들고 몸이 아프다. 몇 년 동안 계속 그 공부를 했다는 건 자신과 잘 맞기도 하단 소리다.

동양철학 특유의 어려움이 있잖아요. 그게 저한테는 도움이 많이 되는 것 같아요. 책에 여전히 잘 모르는 말이 많지만, '수행'이라는 방향을 계속 보여 줘요. 동양고전은 살고 싶게, 그러니까 어떤 방식으로 살고 싶게 만드는 책인 것 같아요.

한국은 동양이지만 동양철학보다는 서양철학 용어에 더 익숙하다. 과거에 동양철학 용어는 구체적인 상황에서 쓰였지만, 지금은 일상에서 보기가 어려우니 추상적으로 느껴지기 십상이다. 윤하는 그렇게 알 듯 말 듯 한 문장과 씨름하다 보면 신기하게도 뭔가 얻어진다고 했다.

예전에 『대학』 공부를 했었거든요. 거기 '큰 학문의 길이 지극한 선善에 머무는 것'이란 말이 나와요. 그때 처음으로 이렇게 살아야 되는구나를 느꼈어요. 동양고전 공부를 평생 하긴 해야겠다 싶었죠.

지금도 지극한 선에 머문다는 게 무슨 말인지 모르겠어요. 그래도 지극한 선을 느낄 수 있는 삶을 살고 싶다, 내가 하는 일이 지극한 선이었으면 좋겠다[고 생각해요]. 아마도 지극한 선이 뭔지 이해할 때까지 공부하게 되지 않을까요.

선이란 뭘까? 그중에서도 지극하다는 건 또 뭘까? 거기에 머물기까지 해야 한다니 더 오리무중이다. 짧은 문장을 이해하고 싶어서 고심하게 된다. 그 덕에 사람이 처한 상황에 따라 다르게 해석될 여지가 많다. 지금 윤하에게는 지극한 선에 머무는 게 어떤 거냐고 물었다.

다른 사람을 돕는 삶이 의미 있다고 생각하는 것, 그리고 매일을 그 중심으로 사는 것이요. 달라이 라마 책에 보면 아침에 일어나서 다른 사람을 도와야지, 적어도 해를 끼치지 말아야지, 이런 마음을 먹는다는 애기가 나와요. 그런 게 진짜 의미 있는 삶이라고요.

지금은 여기서 살림을 꾸리면서 공부의 장을 만드는 것도 다른 사람에게 도움이 되는 일이라고 생각해요. 공부하러 오신 분들이 이런 곳이 있어서 너무 좋다고 하실 때, 직장을 그만두고 다르게 살고 싶은 청년들이 '이런 데가 있다니, 이게 내가 살고 싶은 방식이었나 보다'라고 할 때 이 공간에 그런 의미가 있구나, 내가 좋은 일을 하고 있었구나, 하고 생각해요. 공부한다는 건 스스로 좋은 삶을 찾아 나가는 거잖아요. 여기 살림을 한다는 건 사람들이 그 길을 갈 수 있게 돕는 일이죠.

다른 사람을 돕는 것, 그러니까 공부공동체의 살림이 '큰 학문의 길'이라는 말일까? 살림과 공부는 어떻게 연결되는 걸까? 윤하에게 다시 한번 더 물었다.

다른 사람을 돕는다는 건 불교적인 의미로는 해탈을 돕는 거, 덜 괴롭게 해주는 걸 텐데요. 여러 의미가 있을 것 같아요. 단순히 고통을 멈추게 해주는 게 다는 아니니까요.

누구를 도우려면 저라는 사람이 열려 있어야 될 것 같아요. 많은 상황에서 사람들을 만나다 보면 어떤 때는 그게 잘 되고, 어떤 때는 잘 안 된다고 느껴지거든요. 마음을 탁 닫아 버릴 때 반사적으로 방어기제 같은 게 올라올 수 있잖아요. 원래 내가 감정 쓰던 방식을 내려놓고 싶어요. 그래서 공부가 진짜 많이 필요해요. (웃음)

더부살이 생활

암송하고 책 읽고 글을 쓰는 것만큼 살림을 꾸리는 일도 공부 공동체의 중요한 일과 중 하나다. 〈남산강학원〉 운영에 적극적으로 나선다는 것은 사람을 만나고 이야기를 듣는 일에 시간을 많이 쏟는다는 의미다. 〈남산강학원〉에는 서울뿐 아니라 전국에서 불교, 사주명리 등 의역학, 공자와 장자 등 동양고전, 니체와 스피노자 등의 서양철학을 배우기 위해 온 학인들로 가득하다. 사건·사고도 잦고 챙겨야 할 것도 많다. 살림은 '경제적'으로 처리할 수 있는 일이 아니다. 여러 사람을 챙기고 살림을 꾸리는 일은 효율적인 방식이나 성과적인 태도와는 거리가 있다.

공동체다 보니까 갑자기 일어나는 일이 많아요. 그러면 해결하러 돌아다녀야 하죠. 우리끼리는 맨날 실시간 검색어가 바뀐다고 그래요. 사건이 계속 터져서요. 처음에는 어떤 일이 관심을 받다가 사람들이 다른 사건으로 눈을 돌리면 이번에는 별로 이목을 끌지 못했다고 그러기도 하고요. (웃음)

8년을 했어도 윤하는 아직도 어렵다고 느낀다. 사건이 생기면 어디서 어떤 문제가 걸리는지 알기 어려울 때가 많다.

시기와 상황에 따라, 사람과 관계에 따라 매번 다른 사건이 발생하기 때문이다. 문제가 추상적으로 느껴질 때가 사건이 가장 클 때다. 무얼 해야 좋을지 모르니 곤란하다. 친구나 선생님들이 옆에서 보고 있다가 짚어 주면 좀 낫다. 그래서 이곳이 굴러가려면 시시콜콜해 보이는 것, 사소한 것까지도 나누고 공유해야 한다.

덕분에 회의가 수시로 열린다. 밥을 먹다가, 산책을 하다가, 설거지를 하다가, 책을 읽다가 회의를 한다. 회의는 공동체를 되짚으며 해석하고 토론하는 시간이고, 책에서 읽은 것을 적용해 보는 공부의 장이다. 공부와 일과 삶의 경계가 흐려지며 이리저리 뒤섞인다. 이곳에 와서 책만 읽는 사람이 "여기가 독서실인 줄 아냐"는 소리를 듣게 되는 건 그 때문이다. 오래 공부한 사람들, 혹은 공부를 제대로 하고 싶어 하는 사람들은 살림을 맡아야 한다. 살림이 곧 공동체 공부다.

윤하에게 요즘 어떤 회의를 하냐고 물었다.

주방회의가 있어요. 주방 매니저들과 식사 메뉴를 정하는 중요한 회의입니다. 오늘 같은 날에는 한 달에 한 번 운영회의가 있고요. 선생님들과 회계를 같이 보면서 어떤 프로그램이 열렸는지, 어떤 친구들이 공부하러 오는지 얘기하죠. 무슨 일이 있으면 번개로 모이기도 해요. 다들 여기에서 같이 사니까요.

그는 주방매니저로 활동하기도 했다. 주방에선 공부하는 사람들이 돌아가며 일주일 내내 점심과 저녁으로 밥을 한다. 밥값은 몇 년째 2,500원이다. 매달 많은 사람들이 식재료를 선물해 줘서 가능하다. 선물 내역을 공유하는 '주방일지'가 한 주에 하나씩 올라올 정도로 많다. 식사 시간에는 각자 원하는 만큼 담고, 다 먹은 뒤에는 식빵 조각으로 잔반이 없도록 접시를 닦는다. 돈도 음식도 남는 게 없다. 한 끼에 수십 명이 밥을 먹는 주방이 멈추지 않고 돌아가려면 윤하와 같은 이들의 손길이 필요하다. 누가 오더라도 차질 없이 점심과 저녁을 만들 수 있어야 한다. 식재료를 사다 놓고, 구석에서 상하고 있는 반찬이나 재료가 없는지 확인하고, 메뉴를 짜고, 떨어진 조미료를 채워 놓고, 식기와 주방 도구들을 한 번씩 소독한다. 윤하가 주방을 담당하는 동안 다른 친구들은 홈페이지나 공간 운영을 살핀다.

한 몸체 같은 느낌이에요. 팔은 이 일을 하고 발은 저 일을 한다. 한 몸이 각 역할을 하고 있다. 그런데 가끔 기관들끼리 소통이 안 될 때가 있잖아요. 팔은 이쪽으로 가는데 몸통은 저쪽으로 가는, 그런 일이 저희에게도 비일비재하게 일어나요. (웃음) 좀 답답하기도 한데, 뭐 어쩔 수 없는 것 같아요. 동료애 같은 것도 있어요. 같이한 세월이 길수록 더 생기죠.

이곳은 공부공동체이지 유토피아는 아니다. 모든 사람에게 좋을 수 있는 곳이 아니라는 말이다. 누군가는 상처받고 누군가는 상처를 준다. 괴로워하는 사람도 있고 분노하는 사람도 있다. 윤하는 그 와중에 어떻게 함께 살아갈까, 어떻게 의미 있는 장을 만들 수 있을까, 그러니까 어떻게 사람들에게 공부가 되는 장을 꾸릴 수 있을까를 고민한다. 이야기를 듣고 보니 비로소 홈페이지에 실린 윤하의 짧은 인터뷰가 이해가 된다.

Q. 더부살이 생활을 통해 배우고 싶은 것은 무엇인가요?
A. 더부살이 생활을 하루 하는 것은 '인간은 함께 살아야 한다. 우리는 사회적 동물이다'라고 백번 생각하는 것과 맞먹는다고 생각합니다~.

누가 언제 와서 세미나를 해도, 회의를 해도, 밥을 먹어도 문제가 없는 공간으로 꾸리는 건 이곳에 오는 수많은 사람들을 환대하는 일과 같다. 살림은 자리를 내어주고 만들어 주는 것, 쳇바퀴 같은 사회에 치인 사람들이 다른 방식의 삶을 만날 수 있도록 자리를 마련해 두는 것이다. 윤하는 거기에 매일 시간과 에너지를 양껏 들이고 있다. 윤하가 어디 가서 스스로를 수행자라고 소개하지는 않지만, 그가 〈남산강학원〉에서 하는 공부와 살림을 일종의 수행이라고 생각하는 건 그 때문일 테다.

알아차리기 기술이 서로를 살린다

공동체에 있다 보면 "요즘 얼굴이 좋다"라거나 "안색이 영 안좋네"처럼 느닷없는 칭찬이나 걱정의 말을 들을 때가 있다. 처음에 그런 질문을 받으면 몹시 당황스럽다. 체면 차리기용으로 나누던 말이 이야기의 주제가 된다니. 내 얼굴에 무슨 일이 생긴 건지도 모르겠고, 무슨 말을 해야 좋을지도 모르겠다. 괜히 딴지를 거는 건가 싶기도 하다.

그런데 시간이 좀 지나고 다른 사람이 비슷한 질문 받는 걸 보다 보면 조금씩 납득할 수 있게 된다. 누군가는 자신과 잘 맞는 공부를 하며 얼굴이 핀다. 또 누군가는 수심에 차서 웃어도 웃는 것 같지 않은 표정을 짓는다. 온몸으로 들뜬 에너지를 뿜는 사람도, 기운이 꽉 막혀서 뭘 먹어도 체할 것 같아 보이는 사람도 있다.

전보다는 확실히 [나아지긴 했어요]. 사람이 말하는 걸 들으면 '아, 이런 말을 하고 싶구나' 하고 느껴져요. 이제는 그래도 말에서 조금씩 단서를 밟아 나가며 대화하는 건 할 수 있는데, 아직 신체만 보고는 잘 모르겠어요. 선생님들은 그런 것도 잘 하시더라고요. 기운만 보고, 얼굴만 보고도 이상한지 괜찮아졌는지 아세요.

자칫 지나친 간섭처럼 느껴질 수 있는 이런 이야기가 왜 필요한 걸까? 공부가 탁상공론이 되지 않으려면, 삶과 밀접하게 엮이려면 나부터 조금씩 들여다보고 변할 수 있어야 한다. 그러나 자기 마음을 스스로 알아차리기는 영 쉽지 않다. 내가 어떤 상황에 처해 있는지, 어떤 기분이 들고 어떤 것이 필요한지 민첩하게 아는 사람은 드물다. 그래서 함께 부침을 겪어 주고, 살펴봐 주고, 이야기해 줄 사람이 필요하다. 공동체 친구들은 그걸 함께해 줄 동료들이다.

이런 걸 처음 배우는 사람들은 촉이 별로 예민하지 않은 경우가 많아요. 누가 침체돼 있으면 그냥 '그렇구나' 하게 되잖아요. 그런데 옆에 있는 사람에게 정말 도움이 되려면 그런 것을 보고 질문할 줄 알아야 하는구나, 하는 걸 계속 익혀 가는 것 같아요. 문제를 자기 혼자서 보기까지 오래 걸리잖아요. [그걸 옆에서 같이 해주면] 실질적으로 도움이 된다는 게 느껴지거든요. 최근에 한 친구가 얼이 빠져서 지낸 적이 있었어요. 밖으로 잘 안 드러내는 스타일이어서 몸이 안 좋은가 보다, 원래 일할 때 놓치는 게 많은 스타일인가 보다, 했는데요. 선생님은 그 친구를 한 달 정도 보시다가 무슨 일이냐고 물어보신 거예요. 알고 보니 그 친구가 수시로 미래 걱정을 많이 하고 있었던 거죠. 그래서 공부나 활동에 집중을 못하고 있었어요. 만약 그 상태가 오래갔으면 친구 혼자 무슨 문제인지도 모르는 상태로 기운만 계속 빠졌을 것 같거든요.

이런 게 사람이 사는 데 필요한 것 같아요. 자기는 자기 속을 잘 모를 때가 많잖아요. 옆에서 봐 주고 물어봐 주면 당사자도 질문을 시작할 수도 있고, 혼자 갖고 있던 문제를 얘기할 수도 있어요. 사람들이 연결되는 데 필요한 능력 같은 거죠.

말하지 않아도, 사건·사고로 드러나지 않아도, 이미 수면 밑에서 활발하게 진행되고 있는 일들이 있다. 책을 읽을 때 행간에 깔린 의미를 파악하는 것이 중요하듯 사람과 부대끼며 살아갈 때도 행간에 있는 맥락을 찾아낼 수 있어야 한다. 일종의 알아차리기 기술이다. 이 능력이 각자를 일으키고, 관계를 이어 주고, 공동체를 살린다.

흔히 말하는 자아성찰이나 자기계발은 '더 나아진 나'에 포커스가 맞춰진다. 내가 뭘 더 좋아하고 뭘 더 싫어하는지, 덜 아프고 더 건강하기 위해서 어째야 하는지… 윤하의 공부가 그와 다른 것은 내가 어떤 관계 위에서 어떤 영향을 주고 받고 있는지를 알아 간다는 거다.

공동체다 보니까 사건·사고도 많고 미움과 사랑이 공존하는 곳이잖아요. (웃음) 최근에 어떤 분이 저를 몇 달 동안 미워했다고 하셨어요. 다른 분들에게 감정을 너무 오래 끌고 왔다고, 얘기를 좀 하라는 피드백을 받았대요. 다를 수도 있고 마음에 안 들 수도 있지만, 그게 같이 공부하는 데 꼭 걸림돌이 되거나 미움의 이유가 되지는 않는다고, 어떻게 그 사람이 좋은 공부를 할 수 있을지를 고민하면 되는 문제라고요. 그 얘기를 듣고 정말 '그렇구나' 싶더라고요.

예전에는 어떤 능력을 갖고 있어야 된다고 생각했던 것 같아요. 공부를 되게 잘하든가, 글을 되게 잘 쓰든가. 물론 그것도 맞긴 한데요. 다른 사람들과 어떻게 영향을 주고받고, 그럴 때 내 마음을 어떻게 쓰고, 그런 걸 잘해 나가고 싶다는 생각을 많이 해요. 그런 방향으로 공부를 하고 싶어요.

특권과 부채, 그리고 불안

청년들이 운영에 전면으로 나선 건 선생님들이 〈남산강학원〉

에서 독립한 뒤부터다. 선생님들이 뒤로 빠지면서 청년 멤버들이 더 단단하게 붙었다. 물론 선생님들이 〈남산강학원〉에 발길을 끊었다는 뜻은 아니다. 여전히 〈남산강학원〉에서 수업을 하고, 살림을 맡은 청년들을 서포트한다. 매주 윤하와 친구들을 만나서 플라톤의 저작을 함께 읽기도 한다.

공부 시간이기는 한데요. 숨어 있는 의도랄까, 정기적으로 만나서 얘기 좀 하자, 그런 거예요. [여러 회의 중] 가장 어려운 시간이에요. 저희가 생각하지 못했던 문제를 제시하시거든요. 크게 얘기하면 공동체 운영에 관한 거죠. 되게 작은 사건에서 출발하긴 하는데, 그게 결국엔 같이 살기 위해서 우리가 보고 신경 써야 하는 것들이에요. 허를 찔리게 돼요. 다 같이 찔릴 때도 있고 한두 명이 찔릴 때도 있고요. 그럴 때는 일단 일차적으로 기분이 좀 안 좋고요. (웃음) 그다음으로 성찰하게 되죠.

〈남산강학원〉의 선생과 제자 관계는 교수와 학생 같지도 않고, 장인과 도제 같지도 않다.

이 관계가 이 공간을 특징짓는 부분인 것 같아요. 스승과 제자 관계요. 원시 부족 공동체에는 추장이 있잖아요. 외부와 내부 전체를 보고, 부족이 갈 길을 제시하죠. 여기 선생님들은 추장이면서 스승이신 것 같아요. 넓은 시선으로 안팎을 살피면서 비전을 제시하시고, 저희는 그것에 동의하기 때문에 선생님들께 배우죠. 그 마음이 이 관계를 유지하게 해요. 어떻게 보면 가족보다 더 가깝고요. 또 어떻게 보면 가차 없는 관계죠. 공부하는 마음 말고는 가진 게 없는데, 공부를 한다고 마음을 내면 무조건적으로 공간을 열어 주세요. 공부를 안 하면 빠이빠이이기도 한 거라서 저희는 약간 서운해하기도 하고 좋게 생각하기도 하죠.

〈남산강학원〉에 공부하러 오는 사람 대다수가 중장년이기 때문일까. 청년이라면 더 환영해 마다하지 않는다. 공동체에서 공부하며 돈벌기가 쉽지 않으니 공동체 일자리를 내어 주기도 한다. 공부를 하겠다고 하면 주방을 살피고, 작은 무인카페를 운영하고, 홈페이지를 관리하고, 영상을 만들고, 세미나를 운영하면서 용돈을 마련할 수 있다.

선생님들이 청년에 대해서는 무조건적으로 공부를 했으면 좋겠다는 마음이 있으신 것 같아요. 생활비를 벌 수 있게 배려를 많이 해주시고 학비도 깎아 주세요. 어떤 공부를 하면 좋겠다, 이런 게 네가 공부할 지점인 것 같다고 생각도 많이 해주시거든요. 그럼에도 다른 사람의 삶에 대해 그렇게까지 생각해 주시는 것 자체가 쉬운 일이 아니잖아요.

정말 온 마음으로 신경 써 주시는 것 같아요. 그 마음을 잃지 않으시는 게 신기하기도 하죠. 아마도 관계의 힘이 아닐까 싶어요. 늘 주는 사람이면 고갈이 될 것 같은데, 선생님도 저희에게 받는 게 있으시지 않을까요?

선생님들은 조건 없이 공부의 장도 마음도 돈도 내어준다. 그 덕에 청년들은 공부공동체에서 공부할 수 있지만, 받는다는 게 늘 편할 수만은 없다.

이거 해봐라, 저거 해봐라 하시니까 그걸 못 견디시는 분도 있긴 해요. 청년들이 계속 받는 게 특권이기도 하잖아요. 덕분에 나도 나중에 많이 줄 수 있는 사람이 되고 싶다는 마음이 생기게 되는 것 같고요. 하지만 받는 사람이 되면 조급해지는 것도 있는 것 같아요. 부채 같은 게 생기니까요.

선생님들의 전폭적인 지원으로 막을 수 없는 문제도 있다. 대개 청년기는 사회적으로 성과를 내거나, 성과를 내기 위한 준비를 해야 하는 때라고 일컬어진다. 학위와 자격증을 따거나, 직업 적성을 찾기 위한 시도를 한다. 사회에서 자신의 역할과 자리를 찾아가는 '일반적인 과정'이다. 그러나 공부공동체의 생활은 그런 삶과 거리가 멀다.

〈남산강학원〉에는 학위가 없다. 8년 세월로 따지면 윤하는 이미 학사·석사를 졸업하고 박사 과정을 밟는 중이어야 하지만, 제도상 그는 고졸이다. 그를 대외적으로 부른다면 뭐라 할 수 있을까? '연구실 연구원'이나 '공동체 살림멤버'라고 할 수 있을까? 그러나 전자는 너무 모호해서 제대로 된 정보처럼 느껴지지 않고, 후자에는 사회적으로 합당한 명예가 주어지지 않을 것만 같다.

> 갈 길이 많이 남았으니 중요한 시기이잖아요. 이때 내가 뭘 해서 어떤 방향을 잡아야 된다, 그러니까 뭔가 더 잘해야 된다는 압박이 있지 않나 싶어요. 명확하게 결과가 나오는 게 아니기도 하고요. 다들 그런 고민을 하는 것 같아요. 제가 걱정을 많이 하는 스타일은 아닌데, 그럼에도 이 고민은 좀 하는 것 같아요. 오래 하면 뭐라도 되겠지, 생각했는데 그렇게는 안 되더라고요.

두 번의 위기

공부공동체에서 공부하는 이들의 위기는 관계를 통해 표면

위로 드러난다. 관계가 공부의 척도가 되는 것이다. 지식의 양이나 글쓰기의 유려함은 그보단 덜 중요하다. 어떻게 공부를 하는지는 관계를 어떻게 살피는지에서 드러나기 때문이다.

윤하는 8년 동안 두 번의 위기를 겪었다. 첫번째 위기는 윤하가 청년프로그램을 통해 본격적으로 공동체 공부를 시작했을 때였다. 들어오자마자 공동체 생활을 접을 뻔했다. 선생님들은 이미 인문학 공동체를 운영한 지 다년차였지만, 세대가 달라졌기 때문이었을까? 윤하는 그동안 만났던 청년들과 달랐다. 공동체 공부에서 중요한 것 중 하나가 서로를 살피고 돌보는 일인데 선생님들이 보기에 새로 온 청년들은 주위를 살피지 못했다. 그러니 당연하게 공동체에 섞여 들지도 못했다. 그의 별명이 달팽이가 된 것은 그 때문이었다.

지금도 내성적인 성격이긴 한데, 당시에는 더 안으로 들어가는 스타일이어서 그랬던 것 같아요. 촉수를 누르면 달팽이가 쏙 들어가잖아요. 선생님들이 제가 그거랑 비슷하다고 하시더라고요.

그냥 선생님이 너무 멋져서, 좋아서 왔던 거거든요. 공부를 하러 온 건데 공부를 한다는 게 뭔지에 대한 생각은 없이 온 거죠. 선생님 입장에서는 제가 다른 데 가서 삽질을 하고 있는 거예요. 말해도 못 알아듣고요.

당시 그는 사람한테 관심이 없다는 말을 들었다. 당황스러웠다. 친구도 있고, 그들에게 잘해 주기도 했는데 이게 무슨 말인가? 나라는 사람이 별로라는 말인가? 딴에는 나름 신경을 썼는데도 무심하다고 느끼는 사람들이 있었다. 자신의 성정과 공동체 생활이 잘 맞지 않는 건가 싶기도 했다. 윤하가 좋아하는 건 조용한 거, 번다하지 않은 거다. 항상 복작복작한 공동체 공간과 대조적으로 느껴지기도 했다.

사람한테 관심 없다는 게 무슨 말인지는 진짜 조금씩, 알아가는 것 같아요. 매년 그 말이 다르게 와닿아요. 제가 사람들과 대화가 잘 안 되더라고요. 세미나나 회의할 때 말이 없었거든요. 지금도 없는 편이긴 한데, 그때는 진짜 아무 말도 안 했어요. 근데 선생님이 다른 사람들 얘기를 잘 들었다면 할 말이 생긴다는 거예요. 이해가 안 됐어요. 지금까지 뭘 얘기했는지 말해 보라고 하면 다 말할 수 있었는데, 제가 뭘 안 들었다는 건지 모르겠는 거예요. 그러다가 나중에 말을 좀 하기 시작하면서 이해하게 됐죠.

또 어떤 때는 사람에게 관심이 없다는 말이 내가 사람들에게 살갑지 않다는 거구나, 라고 생각했어요. 누가 아프다고 하면 약 먹었냐고만 물어보고 금방 잊어버리거든요. 또 다른 때는 내 맥락이 세서 다른 사람의 맥락을 잘 못 읽는다는 말이구나.

이를테면 누가 카페를 가자고 했을 때 할 일이 있어서 안 가겠다고 대답했는데, 나중에 알고 보니까 친해지고 싶어서 가자고 했었던 거였더라고요.

근래에는 내 삶에 다른 사람이 얼마나 들어와 있는지를 생각하게 만드는 말이에요. 삶을 고민할 때 얼마만큼 다른 사람들과 연결되어 있다고 느끼는지 반추하게 하죠. 이 말 앞에서는 여전히 부족하네요.

두번째 위기는 5~6년 차가 되었을 때 왔다. 그와 친구들은 〈남산강학원〉에서 큰 규모의 청년프로그램을 운영하고 있었다. 그렇게 들어온 친구 중 한 명이 코로나에 걸려 앰뷸런스를 타고 응급실에 간 사건이 있었다. 멤버들이 알지 못하는 사이에 기저질환 때문에 상태가 위중해졌던 것이다. 친구의 상태를 면밀하게 챙기지 못했다는 것은 모두에게 충격적인 일이었다. 특히 선생님들이 크게 문제를 제기하면서 공동체 공부를 하고 싶은 게 맞는지 진지하게 생각해 보라고 했다.

재밌어 하는 정도의 공부 밀고, 다른 사람들과 이런 방식으로 삶을 꾸리는 공부가 하고 싶냐고 물어보셨어요. 사실 1~2년 차였으면 안 하고 싶었나 보네, 하고 싶어지면 되지, 이렇게 생각했을 것 같아요. 그런데 그때는 오랜 시간 했는데 아직도 우리 마음이 여기인 건가, 하는 일종의 자괴감이 들었어요. 그걸 받아들이는 데 되게 오래 걸렸죠.

원래 저는 공부를 '하고 싶어 해야 한다'는 쪽에 가까웠던 것 같아요. 공부 자체가 배우는 거니까 그런 마음을 계속 배워 가면 된다고요. 사건이 일어난 이후에는 가정을 바꿔 봤어요. 꼭 이런 방식으로만 공부해야 되는 건 아니라고요. 그러고 다시 생각을 해보니, 아직 〈남산강학원〉에서 배울 게 더 있겠더라고요. 청년 친구들과 공부를 더 하고 싶다고 생각했어요.

온 마음을 다했다는 자신감

부채와 불안, 그리고 두 번의 위기 속에서도 윤하가 〈남산강학원〉을 떠나지 않았던 건 왜일까?

나이가 어렸을 때 와서 그런 것도 있는 것 같아요. 20대 초반까지는 다른 친구들도 대학에 있을 시기잖아요. 온 지 5년 정도가 지나고 나서야 '이제 나이를 먹었는데'라는 생각과 '공부한 세월이 있는데'라는 생각이 뒤늦게 왔어요.

유년 시절을 보낸 느낌이에요. 집을 나와 이곳에서 생활을 시작하면서 많은 사람들 속에 있었어요. 이곳이 고향 같은 느낌이 들어요. 많은 사람들이 저를 키워 주셨죠.

먹여 주고 입혀 준 것뿐만 아니라요, 사실 공부 잘하는 친구들도 많잖아요. 여기에서는 꼭 그렇지 않더라도, 공부하겠다는 미약한 마음가짐만 보고 아무것도 가진 게 없는데 데리고 이런 거 저런 거 제안해 주셨어요. 가르쳐 주기도 하시고 혼내기도 하시고요.

갈등이 생기거나 안 좋은 소리를 해야 할 때, 제가 뭘 받고 있는지가 오히려 더 잘 드러나는 것 같아요. 평소에는 관계 맥락을 잘 모르고 있잖아요. 그러다 그게 끊어지려고 할 때 문제가 없다는 듯이 지낼 수도 있고 얘기를 안 해줄 수도 있는데요. 말해 준다는 건 다시 이어 붙이려고 노력하는 거니까요.

서로를 쉽게 놓지 않겠다는 질긴 마음이 느껴진다. 길을 함께 가는 사람이라면 지식을 습득하거나 글을 쓰는 재주가 유난히 특출나지 않더라도, 때로는 주위를 제대로 살피지 못해 고립되어도 혼자 두지는 않겠다는 마음. 그리고 그 길 위에서, 끝도 완성도 없이 그저 과정밖에 없는 공부의 길 위에서 서로를 의지처 삼아 함께 해보자는 마음.

집을 일찍 떠나기를 참 잘한 것 같아요. 아닌 가족도 있겠지만, 저한테 가족은 무조건적인 관계이거든요. 주어진 관계, 끊어지지 않는 관계요. 그런데 가족 안에서만 살 수는 없잖아요. 가족이 제가 가장 주력하는 관계였다면 자신감이 없었을 것 같아요.

가족이 아닌 관계에서 온 마음을 쏟아서 할 수 있는 경험을 여기서 해본 것 같아요. 내 마음을 줄 수 있는 사람들이, 그런 곳이 여기 있다. 사실 나를 케어해 줄 의무가 없는 사람들이잖아요. 그런데도 사람들과 이렇게 지낼 수 있고, 이렇게까지 할 수 있구나. 통상적으로 말하는 이익이 없어도 관계라는 게 이렇게 될 수 있구나.

돈으로 해결할 수 있는 일이 가장 쉬운 일이라는 말이 있다. 사람의 생사를 가르고, 욕망을 불러일으키는 돈이 와도 해결할 수 없는 일이 있기 때문에 생긴 말일 테다. 관계에서 벌어지는 일을 조율하기란 얼마나 어려운가. 다치거나 거부당할까 봐 망설이고 도망가는 일이 얼마나 허다한가. 윤하의 자신감은 바로 그 지점에 위치한다. 주어진 조건이나 얻게 될 이익과 상관없이 온 마음을 다해 봤다는 자신감, 관계와 상황에 진력해 봤다는 자신감. 이것이 윤하가 공부공동체에서 8년을 공부한 끝에 얻게 된 삶의 밑바탕이다.

그래서일까? 이제 윤하에게는 달팽이라는 별명이 그다지 어울리지 않는다. 〈남산강학원〉에서 공부를 하며 성격이 많이 바뀌었다. 안으로 숨어서 만남을 피하기보단 나서서 부딪히고 갈등을 만드는 일도 서슴지 않게 됐다. 닫혀 있었던 그의 귀는 이제 사방팔방으로 활짝 열린다.

가장 크게 바뀌게 된 건 사람들과 부대끼는 방식이에요. 사람들 속에서 사는 것을 좋아한다고 생각한 적이 없었던 것 같은데, 지금은 뭐가 어떻든 같이 살아야 한다고 생각하게 됐어요. 개인의 선호나 성격 문제가 아니라는 걸 알게 됐죠. 지금은 오히려 다혈질이 돼서 걱정이에요. 어떤 때 누가 마음에 안 들면 버럭 하게 돼요. 물론 때와 장소를 가리지만요. 안 그래 보려고요. (웃음)

또 사람들 말을 잘 알아듣게 된 것 같아요. 공동체 생활을 하기 전에는 아무리 말을 해도 못 알아들었는데, 지금은 눈치도 조금 빨라졌어요. 사람들이 무슨 말을 하는지 너무 잘 들려요. 사람을 많이 만나고 같이 지내다 보니까 그런 것 같아요. 이런 사람 저런 사람이 있구나, 싶어요. 그게 제 모습이기도 하잖아요.

어쩌다 공부, 그래도 공부

몇 년 전, 윤하는 온라인에서 『청년, 연암을 만나다』로 강의를 했다. 그 경험은 윤하에게 글쓰기 작업을 새롭게 생각해 볼 것을 요구했다.

강의를 너무 얼떨결에 해서, 거의 제가 한 게 아니에요. (웃음) 연암으로 글을 쓸 때는 누구한테 얘기해 주고 싶다는 마음은 거의 없었던 것 같거든요. 근데 강의하려니까 차원이 달라져야 하는 거예요. 강의하면서 글쓰기에 대한 생각이 바뀌었던 것 같아요. 사람들한테 가닿아야 하잖아요. 내가 얘기해 주고 싶은 게 있으니 보고 들으라고 하는 거니까요. 글 쓰는 게 사람들보고 읽으라는 거기도 하겠구나, 그런 글을 써야겠구나.

출판 시장에서 작가가 되기 위해서는 소비자(독자)를 상정하고 기획하는 것이 우선이다. 그러나 윤하는 그와 반대의 순서를 밟았다. 독자의 존재를 인지하게 된 것은 글을 쓰고 한참 뒤였다. 시장에서 살아남기 위해 머리를 빠르게 굴리지 않는 그를 두고 누군가는 세상 물정 모른다고 생각할지도 모르겠다. 그러나 속셈 빠른 사람이 곧 세상을 제대로 아는 사람이라고 말할 수는 없을 테다.

이 안에 있다 보니까, 이곳과 떨어진 공부를 하게 되는 것 같지는 않아요. 자연스럽게 여기서 주어지는 공부를 하게 되죠.

어떤 때는 하고 싶은 공부 얘기를 해보라고도 하시지만, 저는 저에게 오는 공부를 잘 받으려고 해요.

대학교나 대학원처럼 마음에 드는 학과를 정하고 학교에 오는 게 아니라, 이러한 삶을 살겠다고 마음먹으니 자연스레 공부가 그를 따라왔다. 선생님들의 삶이 멋져서 공부공동체 생활을 시작했고, 그러다 동학들과 같이 살게 되었고, 어쩌다 보니 동양고전 공부를 하게 됐다. 그의 말마따나 사람들을 따르고 의지하며 걸어온 "어쩌다"의 길이다. 이번에도 윤하는 자기도 모르는 사이에 독자까지 고려하는, 사람들에게 하고 싶은 말을 고민하는 작가가 되어 가고 있었다. 이제 진짜 작가가 되는 거냐고 내가 장난스럽게 묻자 윤하는 머쓱해하며 새 책이 나오면 그때 이야기하자며 말을 돌렸다.

뭘 얘기하고 싶은지가 명확한 건 아니거든요. 두루뭉술한 비전을 갖고 있는데, 그것마저도 명확하지 않아요. 그래서 계속 공부를 더 해야 된다는 생각이 드는 것 같아요. 공부해야 할 게 많아요. 공부라는 게 또 충분히 했다, 그런 게 없잖아요. 하면 할수록 더 하게 되는 것 같아요.

그러나 작가가 되는 일과 공동체를 꾸리는 일, 둘 중에 굳이 꼽아 보자면 윤하가 더 염원하는 일은 후자에 가까운 것 같다. 오랫동안 스스로를 학생이라고 여겼던 윤하에게 더 이상 그렇게 있을 수만은 없는 시기가 찾아왔다. 이제 그는 프로그램을 열고 세미나를 주도한다. 살림 선배 역할과 글쓰기 튜터 몫도 해낸다. 선생님들이 그에게 갖는 모종의 기대도 외면할 수 없고, 스스로 질문도 갖게 됐다.

> 선생님들하고는 세대가 다르다 보니까, 비전이 완전히 같을 수는 없잖아요. 그러다 보니까 얼마 전부터는 '내 길은 뭐지?' 생각하게 됐어요. 그전까지는 여기서 배우는 게 너무 좋고, 늘 배울 게 많고 그랬는데요. 이제는 내가 뭘 해야 하는지 생각할 때가 온 것 같다 싶어요.
>
> 아무리 곰곰이 생각해 봐도 공부는 해야겠더라고요. 공부하고 있다는 신뢰 위에서 뭔가를 할 수 있을 것 같다는 생각이 들어요.
>
> 같은 비전을 가지고 활동을 하거나 같이 살려면 소통해야 되잖아요. 그러려면 공부를 해야겠다. 공부를 안 하면 자기만 맞다는 생각이 강해질 수도 있고, 나는 이런 사람이고 이렇게 살 수밖에 없으니 건드리지 말라고 생각하게 될 수도 있고요. 자기가 세지면 소통이 안 되고, 그러면 뭘 같이 못하고. 맞고 틀리고 시비를 따지는 방식으로 가게 되거나 힘 있는 사람이 통

제하는 방식이 되겠다.

근데 공부를 하다 보면 그게 아니라는 걸 자연스럽게 알게 되잖아요. 취향 같은 것까지도 바꿔야 한다고 생각하게 되기도 하고, 바뀌게 되기도 하고요. 그래서 뭔가 같이 만들고 얘기할 수 있으려면 모두 같이 공부하는 사람이어야 될 것 같아요. 우리 세대랑, 친구들이랑 공부를 같이 하고 싶어요.

나가며

마음을 다해서 내보고 또 받아 본 사람은 마음 씀이 다르다는 걸 인터뷰 하는 내내 느낄 수 있었다. 형식 특성상 인터뷰어는 인터뷰이의 마음을 열고 싶어서 노크하고, 인터뷰이는 인터뷰어의 선행된 요청에 응답하며 함께 한 템포 한 템포 나아간다. 인터뷰어가 인터뷰를 하며 차를 사거나 선물을 보내는 게 자연스러운 건 그 때문이다. 그런데 윤하는 이중 어느 것 하나 그냥 받지 않았다. 오히려 인터뷰를 나누며 먹을 과일을 한가득 가져오고, 커피를 사고, 내가 좋아할 것 같은 책들을 꼽아서 보내 줬다. 그는 부담스럽지 않은 선에서 마음을 보낼 줄 안다. 왜 그가 〈남산강학원〉에서도 '마음 쓰는 게 다르다'는 소리를 듣는지 알 수 있었다.

윤하는 곧 인도의 다람살라로 떠난다. 무술이나 수행하는 곳에 가고 싶다는 윤하에게 당시 티베트 불교에 꽂혀 있었던 선생님이 추천해 줬다. 가서 뭘 할지는 모른다. 우선은 〈남산 강학원〉의 인도 베이스캠프를 꾸릴 예정이다. 방을 먼저 구해서 인도로 수학여행 오는 〈남산강학원〉과 〈감이당〉의 선생님들을 맞이할 것이다. 티베트어도 공부하려고 한다. 등록하려는 센터에 시간이 겹쳐서 불교 공부는 할 수 있을지 모르겠단다. 요가는 확실히 아니라고 손을 저었다. 너무 뻣뻣해서 차라리 무술 쪽이 더 맞단다.

윤하가 어떤 길을 통해 어디로 갈지 예측할 수 없지만, 분명한 건 친구들과 함께 공부하는 장을 꾸리고 싶어 한다는 것이다. 짧은 인터뷰 기간에 내게 마음을 썼던 것처럼, 긴 시간 공동체에서 온 마음을 다했던 것처럼, 윤하는 친구들과 마음을 주고받으며 함께 공부하려고 한다. 그것이 윤하가 살아왔던 삶이기 때문이고, 살아갈 삶이다.

[공동체 공부는] 뭐라고 말하기가 어려운데, 숨 쉬는 것과 같은 거예요. 물론 숨 쉬는 것만큼 쉽지는 않지만요. 그냥 삶 자체, 제 삶인 것 같아요.

문란한 신념

대체복무요원 **길완**

공주에 핫플레이스가 생겼다. 공주산성 부근이다. 산성은 나무가 울창하고 길이 잘 닦여서 산책하기 좋다. 성의 고즈넉함은 그 아래로 흐르는 제민천까지 이어진다. 제민천을 따라 정겨운 카페와 독립서점 거리가 길게 나 있다.

왜가리가 크고 흰 날개를 한껏 펼치며 하늘을 날다가 얇고 긴 다리로 검은색 기와집 지붕 위에 선다. 오리들은 두셋씩 짝지어서 제민천에 몸을 담그고 물 안을 쳐다보느라 바쁘다. 거기서 조금만 걸어 가면 공주산성시장이 나온다. 공주산성시장에서 직접 만들어 파는 콩국수를 먹었는데, 여태 먹은 콩국수 중 가장 맛있었다. 다음 여름에 또 먹으러 가야겠다, 싶었다.

그런데 이곳은 공주교도소와 대중교통으로 30분 거리이기도 하다. 공주산성, 제민천, 하늘 위 왜가리, 물속 오리, 콩국수가 맛있는 재래시장, 그리고 거기에 공주교도소가 붙으니 어딘가 좀 어색한 느낌이 든다. 관광 안내가 잘 되어 있는 제민천 인근 거리에서 공주교도소의 흔적을 찾을 수 없었다. 그러나 아무리 가리고자 하여도 과거 폭력의 상흔과 망령까지 지워 버릴 수는 없다. 조금만 찾아봐도 누구나 이곳에서 어떤 일이 일어났었는지 알 수 있다.

6·25 발발 전후, 이승만 정부와 미군정 아래 전국 각지에서 민간인 집단학살이 일어났다. 공주도 무사하지 못했다. 1950년 7월 초부터 약 1천 명이 공주교도소의 전신인 공주형무소에 수용되었다. 7월 9일 왕촌 살구쟁이라는 지역에서만 600~700여 명이 학살당했다. 육군형무소 헌병대가 학살 대상자를 분류하고, 육군 정보국 소속의 특무대가 진행한 일이었다. 2010년대 전후가 되어서야 유해 일부가 발굴되었다. 그로부터 10년이 더 지난 2022년, 공주교도소에 전쟁을 반대하는 대체복무요원들이 근무를 시작했다. 길완도 그중 한 명이다.

공주의 쿠팡맨과 지방대

대체복무요원은 교정시설에서 3년간 주어지는 생활복을 입고 합숙한다. 교정시설에서 단체생활을 하는 만큼 엄격하고 규율적이다. 길완의 일과 시간은 평일 오전 8시부터 오후 5

시. 일이 끝나면 밤 9시 30분까지 개인 정비 시간을 보낸다. 이때 외출도 가능하다. 5시에 돌려받은 핸드폰과 태블릿 PC 는 다음 날 아침 7시 30분에 다시 반납한다. 아침과 저녁, 때 로는 점심에도 인원점검을 실시하는데 그때가 되면 각 방에 적게는 6인, 많게는 10인의 대원이 정자세로 자기 자리에 앉 아 있는다. 군대의 점호를 연상시키는 모습이다.

교도소에서 이들이 하는 일은 대체복무제도가 생기기 전 에 수용자들이 하던 업무와 같다. 대체복무요원들은 6~12개 월마다 바꿔 가며 업무를 맡는다. 직원 및 대체복무요원의 급 식을 담당하는 직원식당 일, 신문과 도서를 배부하는 일 등이 있다. 주로 교도소의 운영을 직접적으로 지원하는 업무다. 길 완은 구매 업무와 세탁 업무를 했다.

수용자들이 카드에 신청하면 동에 맞게 물건이 정리돼서 오 거든요. 구매 업무는 전날에 그게 맞는지 어디에 있는지 확인 하고 당일에는 다 싸서 수용동 앞으로 가져가서 인수인계를 하는 거예요. 약간 택배 상하차 느낌이죠. 거의 교도소 쿠팡 맨. 여름이 되면 생수를 진짜 많이 시켜요. 물 무게가 끝장나 잖아요? 두 팰릿(pallet)을 나르다가 허리가 끊어질 뻔했어요. 지금 하는 건 세탁 업무예요. 수용자가 관복을 신청하면 분류 해서 지급해요. 세탁도 하고. 저는 수선 스킬이 없는데 수선할 수 있는 대원들은 그것도 하고요. 여기서는 SPA 의류 브랜드 직원이 된 것 같아요.

길완과 같은 교도소에 있는 또 다른 개인 신념 대체복무 요원 수환(224쪽에 인터뷰가 실려 있다.) 역시 세탁 업무를 했었다. 그는 빨래를 하나하나 널고 하나하나 개는 게 좋다고 했다. 세탁과 청소 역시 중요한 노동이라고 생각해 왔지만, 읽고 글 쓰는 작업만 해왔던 연구자였기에 업무로 삼을 기회가 그간 없었다. 세탁 업무는 수용자들의 최소한의 인권을 직접 보장하는 업무이기도 했다. 수환은 수용자들이 어떤 이유로 왔는지 모르지만, 그와 상관없이 수용자들에겐 새 옷 혹은 세탁된 옷을 입을 권리가 있다고 생각했다.

외출 시간에 길완은 제민천을 산책하고 카페에 간다. 서울에서 태어나 대도시의 문화를 향유하며 자라온 그에게 공주는 너무 조용하다. 도서관에서 책을 빌리거나 공주국립박물관에 가보기도 하지만, 그것으로는 부족하다고 느낀다. 문예관에도 찾아가 봤는데 클래식 공연을 들으려니 복귀 시간이 걸렸다. 9시 반까지 생활관으로 돌아오려면 중간에 나와야 하기 때문이다.

여러모로 그가 나고 살아온 서울과 다르다. 길완에게 서울은 의미가 남다르다. 서울 토박이이기 때문만은 아니다. 그에겐 대도시의 개방성과 포용성이 중요하다. 게이들이 많이 사용하는 앱이 있는데, 서울에서 그 앱을 켜면 스크롤을 내려도 내려도 끝이 나지 않을 정도로 사람이 많이 뜬다. '말은 제주도로 보내고 게이는 서울로 와야 된다'는 우스갯소리가 있을 정도다. 주말에 서울에 올라와 시간을 보내고 다시 내려가는 라이프스타일을 가진 이들을 일컫는 '지방댁'이라는 단어도 있다.

> 공주는 [앱을 켜면] 사람이 너무 없어요. 주말마다 서울에 올라오는 사람들이 대단하다고 생각했는데 지금은 그 마음이 너무 이해가 가는 거예요. 답답해요. 큰 도시에는 익명성이 있잖아요. 그런데 공주는 너무 작아. 제가 지역 주민으로 사는 건 아니지만, 그럼에도 느껴질 정도로요. 여기서 자란 사람들이, 계속 살아갈 사람들이 커밍아웃하기가 쉽지 않을 것 같아요.

많은 공력이 들어가도

길완은 어떻게 양심적 병역거부를 하게 되었을까? 그는 이 질문에 강한 피로를 느낀다. 양심적 병역거부의 마음을 먹은 20대 초중반 이후로 계속 들어 왔기 때문만은 아니다. 대체복무제도 심사를 받는 2년이 넘는 과정에서 그에 관해 증명하고 해명하기를 요구받아 왔기 때문이다. 인터뷰에서도 그는 이 질문에 뚜렷하게 대답하지 않다가 마지막에 가서야 이렇게 말했다.

병역거부라는 실천이 저에게는 [군대에 가는 것보다] 더 자연스러웠어요.

자연스럽다는 말은 병역거부라는 선택이 길완에게 취향이나 호오의 문제가 아니라 삶의 방향성에 더 가깝다는 뜻일 테다. 지나온 길이 자연스럽게 병역거부를 가리켰다. 시작은 대학에서부터였다. 그에게는 모종의 갈증이 있었다. 그러나 갈증을 해소하는 것은 두번째 문제였고, 무엇에 대한 갈증인지를 찾는 것이 먼저였다. 어떤 활동은 불편해서 삐뚤어진 마음을 먹게 했는데, 어떤 활동은 마냥 즐겁고 재밌었다. 페미니즘 세미나와 퀴어 동아리가 특히 좋았다.

같이 책도 읽고 집회도 나가고 모임도 했어요. 제가 과몰입했던 공동체였죠. 보폭을 맞추는 과정에서 계속 서로 괜찮은지, 전에 합의했던 게 아직도 유효한지 확인하는 작업이 필요했어요. 페이스 조절에 대해서 생각해 보게 됐죠. 동료들과 깊은 관계를 맺었는데 그럴 수 있었던 한 시절이 있다는 게 뜻깊어요. 학교 안에 퀴어 담론이 있었기 때문에 가능하긴 했지만, 그래도 동아리의 초기 제안자가 되어서 사람을 모으고 오픈하고 계획도 세우는 것들이 제 역량에 좋은 밑거름이 된 것 같아요.

길완은 사람을 조직해서 활동을 꾸려 나가는 게 좋았다. 그래서 상임활동가가 된 뒤에도 그는 조직 활동을 이어 갔다. 그가 활동하는 단체가 집행단체로 가입한 〈차별금지법제정연대〉(이하 차제연)에서였다.

운동이 혼자 힘으로 되지 않잖아요. 공동으로 만들어 가는 작업이 필요한데 저도 그걸 하고 싶었어요. 제가 상임활동가로 있었던 〈민주사회를 위한 변호사모임〉(이하 민변)은 큰 단체이고 변호사 회원들의 사건을 조력하는 일을 하기에도 바빠서, 그게 사회적으로 어떤 의미가 있는지 의제화시키는 역할까지 하기가 쉽지 않거든요. 실무적인 일만 하는 데도 하루가 다 가 있는 거예요.

그래서 차제연에 함께했죠. 법안은 사실상 다 만들어져 있는 상황이라, 차제연은 연대체로서 사회에 왜 중요한지를 알리는 활동을 했어요. 제가 들어갔을 때가 「차별금지법」이 무시

할 수 없는 과제로 재등장하는 시기이기도 했고요.

　「차별금지법」은 국가인권위원회에서 2003년부터 준비를 시작해서 일 년 뒤에 초안이 만들어졌다. 3년 후 수정보완을 마친 법안이 입법예고 되었다. 그러나 이 법은 보수단체에서 '동성애를 조장한다'며 넣었던 항의가 받아들여져 성적지향, 학력, 병력, 출신국가, 언어, 범죄전력, 가족 형태 및 가족 상황 조항이 삭제되었다. 이후로도 여러 차별금지 관련 법안이 입법에 실패했다. 그러다 2021년 6월 14일, 「차별금지법」제정에 관한 국민동의 청원이 시작된 지 22일 만에 십만 명의 동의를 얻었다.

　수치화를 경계해야 되기는 하지만, 그래도 이걸 좀 확인한 순간이었다고 해야 되나요. 맞다, 이만큼의 사람들이 있었지.
　물론 십만 명을 조직하려면 정말 힘들어요. 보이지 않는 작업들이 많이 필요했어요. 전화도 엄청 돌리고, 조직 단위로 찾아가서 서명해 달라고 하고요. 심지어 게이 데이팅 앱에 팝업 광고 띄워 달라고도 했거든요.
　대선쯤에는 서울 자치구를 돌아다니면서 선거 유세단처럼 하고는 어떤 대통령이 뽑혀도 사회적으로 차별들을 금지해야 된다, 대선 이슈에서 차별금지법이 중요하게 다뤄져야 된다는 얘기를 했어요. 사실 재계나 자본가들에게 더 큰 걸림돌일 수도 있는데, 앞에 나서는 건 보수 혐오 세력이잖아요.

길거리에서 사람들 만나면 동성애법 아니냐, 그런 얘기도 들었는데요. 그래도 이게 뭔지 진짜 궁금해서 묻는 사람들도 있었어요. 조금 변화하는 공기들을 느꼈다고 해야 하나요.

차제연을 하면서 이렇게나 많은 공력이 들어가야 그나마 조금씩, 아주 조금씩이라도 바뀐다는 게 서글프기도 했죠. 그래도 바뀌는 걸 확인하는 순간은 되게 즐거운 것 같아요.

그러나 21대 국회는 청원심사 날을 미루고 미루다가 임기 마지막 날로 잡았고, 결국 아무런 책임도 지지 않은 채 임기를 마쳤다. 「차별금지법」 제정은 아직까지 요원하다.

사회에서 없는 것 같은 상태로 있던 존재가 비로소 가시화되더라도, 그게 사회제도로 만들어지기는 드럽게 어렵구나. 이렇게 대단한 힘들이 모이는데 꿈쩍도 하지 않는구나. 속상하죠.

앞으로도 이렇게 살고 싶다

길완은 대체복무제가 생기기 훨씬 진부터 병역거부를 생각하고 있었다.

어느 순간부터 어떤 사람들 혹은 집단을 차별하고 배제하는 역학은 뭘까, 누군가를 몫이 없는 상태로 방치해도 괜찮게 만드는 것은 무엇일까, 그리고 어떻게 하면 그걸 변화시킬 수 있을까에 관심을 두게 됐어요. 앞으로도 계속 이렇게 살고 싶고요.

그러나 그가 아무리 '계속 이렇게 살고' 싶더라도, 생애 맥락 위에 자연스레 병역거부가 위치하게 되었다 하더라도, 병역거부라는 선택이 오늘날 한국 사회에서 쉽게 할 수 있는 일은 아니다.

병역거부자이자 〈전쟁없는세상〉의 활동가인 이용석은 책 『병역거부의 질문들』(오월의봄, 2021)에서 병역거부를 고민하는 사람들에게 신중하고 또 신중하라며 거듭 만류한다고 했다. 군대를 가지 않는다는 선택지 자체가 부재하는 것처럼 느껴지는 한국 사회에서 병역거부자는 '병역기피자'라는 낙인에 찍힌다. 안보의 적, 국가에 해악을 미치는 시민이라는 눈초리를 받고, 그렇게 고생하기 싫냐며 나태하고 안일한 겁쟁이로 보는 이들도 있다.

병역거부 해서 교도소 갔다 왔던 사람들이 철회해도 죄책감 갖지 말라는 얘기를 많이 했어요. 그냥 군대 간다고 해도 손가락질할 사람 없으니까, 했던 말의 무게에 짓눌리지 않았으면 좋겠다고요. 병역거부 같이하자고 한 사람은 없었죠. 그땐 특히나 감옥을 가야 됐으니까 더 쉽지 않았겠죠. 그 이후의 삶도 쉽지 않잖아요.

그럼에도 그가 병역거부를 할 수 있었던 이유는 무엇이었을까? 길완은 첫번째 이유로 자신이 폭력을 목도한 목격자이자 폭력을 당한 당사자라는 점을 꼽았다. 그는 세월호 참사가 발생한 후에 열린 시위가 폭력적으로 진압되는 현장에 있었다. 사망한 고 백남기 농민이 물대포에 맞는 장면을 20미터 거리에서 보기도 했다. 폭력에 노출된 사람들을 만나면서 평화에 대해 다시 생각할 수밖에 없었다.

어떤 일들은 공동체의 안전을 위협하는 행동으로 명명되고, 그 과정에서 누군가 죽는 걸 보면서 폭력에 대해 생각하게 됐던 것 같아요.

성소수자 인권운동을 접하면서 정상성과 비정상성이라는 이분화된 문제를 느끼게 됐어요. 정상 테두리의 경계에 있거나 빗겨나 있는 사람일수록, 비유적인 표현일 수도 있지만 일상

자체가 전쟁 같다는 표현을 많이 쓰잖아요. 누군가는 얼굴 없는 상태로 살아가고 있는데, 그걸 진정한 평화라고 할 수는 없으니까요.

군대라는 공간 자체에 가고 싶지 않기도 했다.

사병 인권에 대한 관심이 많이 높아졌다지만, 지금도 분명히 어디선가는 인권 침해 행위가 일어나고 있을 거예요. 군대가 초남성화된 공간(남성의 권위와 폭력이 바탕이 되는 공간)이니까요. 거기서 트라우마가 되는 경험이나 지배자가 되는 경험을 하게 될 수 있으니까 가고 싶지 않았죠.

군대를 가는 게 당연한 건 아닌데, 한국 사회에서 군대를 안 간다는 생각을 떠올리기 쉽지 않아요. 군대가 견고해 보일 수 있지만 실은 취약한 기반을 가질 수밖에 없는 조직이에요. 언제든 생명을 앗아갈 수 있는 존재, 적이라는 절대적 타자가 없으면 군대라는 게 존재하기 어려우니까요. 적을 계속해서 만들어 낼 수밖에 없는 건데, 성소수자도 언제든 적으로 지목당할 수 있겠죠.

마지막으로 그의 주변에는 그를 지지해 주는 동료들의 힘이 있었다.

혼자 깨달은 게 아니에요. 읽은 것들, 동료들과 토론한 것들이 쌓여서 제 언어가 된 거죠. 같이 활동하던 사람들도 지지해 줬고, 민변에서 만난 사람들도 법적으로 지원해 주겠다고 했어요.

제가 대체복무요원 교육센터에 갔을 때, 민변 일로 너무 바쁠 때이기도 해서 별생각이 없었거든요. 근데 친구들 네 명이 뭐라도 들려 보내야 될 것 같다면서 아이패드를 사주려고 모금을 했어요. 주변에서 사람들이 뭐라도 보내줄 수 있어서 좋았다고 하더라고요. 너무 고마웠죠. 병역거부를 할 수 있기까지 사람들의 지지가 중요했어요.

갑작스럽게 맞이한 미래

원래 길완은 민변에서 3년 정도 일하고 감옥에 갈 생각이었다. 일찌감치 양심적 병역거부를 생각한 길완에게 교도소는 청사진에 반드시 등장하는 장소 중 하나였다. 아니, 어쩌면 유일한 것이었을지도 모른다. 복잡하고 긴 절차 때문에 교도소에 언제 가게 될지 몰랐다. 어느 교도소에 수용되어 누구와 함께 지내며 어떤 삶을 살게 될까? 남들이 사회에서 어느 정도 자리를 잡았을 즈음 출소하게 된 뒤에는 무슨 일을 할 수 있을지도 알 수 없었다. 교도소에 간다는 사실 하나만으로 길완의 미래는 그보다 더 불투명해질 수 없었다.

그는 때때로 교도소에 관해 생각해 왔다. 인권 활동으로 교도소에 갈 일이 생기면 그 자리에 자신을 놓아 보기도 했다.

인권위 실태 조사 모니터에 참여했을 때 교도소에 와 본 적이 있었거든요. 평소에도 수용자 인권 차원에서 교도소를 많이 접했죠. 어느 시점에는 감옥에 가겠구나, 하는 생각을 하니까 수용자로 어떻게 살아가면 좋을지 생각하게 됐어요. 후원회는 어떻게 조직할까? 친구들이 편지 많이 써 주겠지?

그런데 갑작스레 헌법재판소가 2018년 6월, 「병역법」 일부를 헌법불합치라고 결정했다. 「병역법」 5조에는 병역의 형태가 명시되어 있는데, 그중 '대체복무'가 명시되어 있지 않기 때문에 병역거부자들이 「병역법」을 위반할 수밖에 없다는 거다. 병역거부 무죄 판결이 늘어나는 추세였기 때문에 헌법재판소는 「병역법」을 전면 수정하는 대신 대체복무제도를 만들라고 결정했다.

1년 반 뒤 대체역에 관한 법률이 제정됐고, 그로부터 반년이 더 지나서 대체역 심사위가 출범했다. 첫 대체복무요원이 소집된 건 2020년 10월, 헌법재판소의 판결로부터 2년이 지나서였다. 길완은 심사를 받고도 생활관을 지어야 해서 밀리는 바람에 대체복무제도가 운영된 지 1년 반 만에, 민변에서 일한 지 5년 만에 대체복무요원이 될 수 있었다.

그는 헌법재판소의 결정 날을 뚜렷하게 기억하고 있다.

헌법재판소 방청은 추첨이에요. 저는 엄밀히 말하면 법적으로 위헌 심판 당사자는 아니었는데, 운이 좋게 당첨이 됐어요. 처음에는 어려운 말로 선고가 났거든요. 알아듣기가 어려워서 앉아서 위헌이라는 거야? 합헌이라는 거야? 하고 있었어요. 그런데 변론을 오래 맡아 왔던 변호사가 감격에 겨운 표정을 지으면서 위헌이라는 거예요.

그 표정을 보니까 저도 뒤늦게 감동이 몰려오더라고요. 뭐라고 해야 되나. 잡힐 듯 잡히지 않았던 세계의 문이 갑자기 열렸다, 이런 느낌. 그때 다들 기쁜 표정을 짓고 있었어요. 나도 똑같은 표정이었을 것 같기는 한데, 그걸 보는 게 너무 좋더라고요.

'대체복무 없는 병역법 헌법불합치' 이후 그전에 감옥에 가야 했던 이들을 위한 국가 차원의 사과나 배상은 없었다. 비록 그것이 길완에게 또 다른 분노와 절망감을 안겨 주었지만, 그럼에도 헌법불합치 판결은 그에게 예상치 못하게 주어진 새로운 미래였다. 대체복무제도는 해방 후 1만 9천 명이 감옥에 간 뒤에, 한국에서 병역거부운동이 일어난 지 18년 만에 이뤄 낸 성과였다.

법정으로 모든 문제를 끌고 가는 게 경계할 일이기도 하잖아요. 그렇게 결정 나면 돌이킬 수 없기도 하고, 모든 게 법의 논리로 환원되는 게 인권운동의 방법론도 아니니까요. 그런데 당사자들이 왜 그런 선고를 받고 싶어 하는지 공감이 되더라고요. 가슴속에 얹혀 있던 돌무더기 몇 개가 치워진 것 같은 느낌이 드는 거예요.

그러나 대체복무제도가 도입되었다는 기쁨도 그리 오래가지 않았다. 대체복무요원이 되는 과정은 결코 순탄치 않았다. 그는 일전에 내게 보내줬던 소견서에 대해 말했다. 대체복무제도에 지원하며 제출했던 문서인데, 인터뷰 하러 오는 길에 떠올리게 된 모양이었다.

오기 전에 소견서를 한 번 더 읽어 볼까 했는데···. 소견서를 진실되게 안 쓴 건 아니거든요. 그런데 다시 그걸 보는 게 부끄러워요. 작년에 누가 소견서 좋았다고 하는데 기억이 안 나더라고요. 심사 끝나자마자 머릿속에서 날려 버렸거든요.

심사과정이 어땠기에 길완은 끝나자마자 기억에서 지워
버리고 2~3년의 세월이 지난 지금에도 다시 들추기 어렵게
된 걸까?

길완을 부끄럽게 만든 과정

대체역 심사 과정은 세 단계의 심사에만(사실조사, 사전심사, 본
심사) 반년이 걸리는 장기 과정이다. 첫 사실조사는 담당 조사
관과 1:1로, 두번째 사전심사는 서너 명의 심사위원과 함께했
다. 마지막 본심사는 29명 전체 의원 앞에서 이뤄졌는데 길완
은 국무총리 후보자가 된 줄 알았다며 너스레를 떨었다. 그는
반년 동안 거의 비슷한 질문을 매번 다른 사람들에게, 아니
매번 더 많은 사람들에게 대답해 왔다.

물론 그 과정이 자신에게 전혀 의미가 없었다고 볼 수는
없다 했다.

내 양심이 이런 것이라고 더듬더듬 제시하는 과정이 꽤 의미
있는 작업이었어요. 내가 생각하는 이 사회의 시스템은 뭔지,
그 안에서 불화하기도 하고 가끔은 수긍해 버리기도 했던 경
험들을 보게 됐거든요. 이 계기가 없었다면 [왜 양심적 병역거부

를 했는지] 두루뭉술하게 말하고 다녔을 것 같아요.

그러나 한 사람이 상황 속에서 의미를 찾는 것과 그 상황이 가진 의미를 살펴보는 건 전혀 다른 일이다. 심사 과정 자체에는 분명 문제가 있었다. 그럴 수밖에 없는 게, 여기서 심사하는 것이 '양심'이기 때문이다. 어떻게 누군가의 양심을 심사할 수 있을까? 누구에게 양심을 심사할 자격이 주어질까? 길완은 양심 심사가 사실상 "미끄러질 수밖에 없는 것"이라고 말했다.

아이러니한 게, 양심적 병역거부를 반대하는 세력이 있어요. 그들도 그렇고 평화운동 안에서도 그렇고 주장이 똑같아요. 양심을 어떻게 심사하냐. 저쪽에서는 거짓말 어떻게 밝혀낼 거냐는 거예요. 우리는 인권침해적으로 흐를 가능성이 다분히 높다고 하죠.

양심은 추상적일 수밖에 없잖아요. 내부 동인에 의해 생겨나는 것이고, 바뀌기 쉽지 않은 생각 덩어리인데. 육하원칙에 맞춰서 "너는 언제, 어디서, 어떻게, 그런 양심을 가시게 됐어?"라는 질문을 받아요. 그런데 이건 군대를 '자연스럽게' 선택하는 사람들은 받지 않는 질문이잖아요.

저의 평화적 신념과 활동이 심문받는 느낌이었어요. 적대적인 국방부나 병무청이 추천한 심사위원들은 '나를 어디 한번 설득해 봐' 이런 태도를 가지고 십자가 밟기 식 질문도 하거든요.

종교를 이유로 병역거부 하는 경우에는 신도 증명서를 낸다. 특정 종교의 신도 증명서는 이 과정에서 유의미한 효력을 발휘한다. 그러나 종교 외의 신념으로 병역거부를 하는 경우에는 그에 대해 설명하기를, 그러니까 폭력, 전쟁, 평화에 대한 생각과 활동을 자세히 설명하기를 요구받는다. 그 생각은 그 사람의 생애를 걸쳐 정합적이고 타당하게 쌓여 왔어야 하며, 신념을 뒷받침하는 활동 증거를 촘촘하게 제시해야 한다. 이 과정은 양심적 병역거부자에게 진짜라고 할 수도 없고 가짜라고 할 수도 없는 이야기를 만들어 낼 것을 요구했다.

대체역 심사 과정이 문제적이라고 느끼면서도 동시에 인용되기를 바라는 마음도 있었거든요. 그런 뒤섞인 감정으로 말을 골라서 하게 되더라고요. 소견서가 내 마음이 아닌 건 아닌데, 너무 부끄러운 거죠.
차라리 1년 6개월 형을 받는 거면 검열을 훨씬 덜했을 것 같아요. 감옥 가면 되니까, 하고 싶은 말을 그냥 다 하고 올 수 있잖아요.

그가 거쳐 왔던 심사의 녹취록을 읽으면 길완이 대체복무요원으로 적합한가를 심사한다기보다, 심사위원회의 각 구성원이 자신의 입장을 주장하려고 길완을 이용한다는 느낌이 든다. 마지막 본심사에서는 몇 차례 심사위원들끼리 싸움이 나기도 했다. 당시 심사위원은 국가인권위, 법무부, 국방부, 병무청, 대한변협에서 각각 5인씩 추천하고, 국회국방위에서 4인을 추천하여 구성되었다. 그중 국방부, 병무청, 국회국방위가 추천한 위원의 수를 합치면 14인으로 전체의 절반에 이른다. 길완의 양심을 심사하는 이들의 절반이 군대와 밀접한 관계가 있는 이들이다.

그러나 본래 취지에 따르면 심사와 운영 모두 군사기관과 독립된 민간에서 운영해야 한다. 이것이 대체'군'복무가 아니기 때문이다. UN 인권위원회도 대체복무제도를 심사·관리하는 기관은 군과 무관해야 한다고 강조하고 있다. 그러나 현재 한국에서는 심사뿐만 아니라 관리와 감독 역시 병무청이 맡고 있다. 대체복무제도가 이름에 걸맞지 않은 방식으로, 시혜적이면서 동시에 징벌적으로 운영되는 것은 이 때문이다.

심사 과정에서 심사된 것은 엄밀하게 말하면 그의 양심이 아니다. 저울질당하고 일정한 잣대로 판단당하는 건 그의 삶이다. 어떤 심사위원은 길완의 평화주의 신념을 '성소수자 당사자'의 문제로 축소시키면서 성소수자라 군대를 안 가는 게 말이 되냐는 뉘앙스의 질문을 했다. 또 다른 심사위원은 집회나 시위 등이 '폭력적'이라며 진짜 평화주의자가 맞냐고 묻기도 했다. 그에 관해서는 이미 진술서에서 다 이야기하고 있었지만, 아무리 말해도 듣지 않았다.

> "당연하다고 여겨지는 기존 질서에 질문을 던짐으로써 길을 만들어 가는 부단한 저항의 과정이 곧 '평화'라고, 저는 이해하고 있습니다. (……) 저에게 평화는 일상의 평온함을 고수하기 위해 비정상과 정상의 경계를 나누고, 누군가를 적으로, 비정상으로 내모는 폭력이 아닙니다. 차별과 배제가 당연한 것으로 받아들여지는 일상에 질문을 던지고 '누구도 폭력의 자리에 놓여지면 안 된다'고 이야기하는 과정입니다." (「진술서」 중)

흔들리고 오염된 양심

양심적 병역거부자는 별나라 사람이 아니다. 세상의 부조리를 끌어안고 모든 걸 감내하는 히어로형 투사도 아니다. 양심적 병역거부자를 용기 있는 사람으로 보기도 하지만, 길완은 스스로를 그렇게 생각하지 않는다. 그는 종종 흔들렸고 여전히 흔들리고 있다.

　사실 뭐, 용기 하나도 없고 겁 많고. (웃음) '흔들리지 않는 양심' 그런 거 없어요. 맨날 흔들리지. 내가 여기 왜 있는 거지, 이러고. (웃음) 내 양심, 그게 맞았을까? 수백 번도 더 고민하고. 너무 당연하죠.

　오히려 그는 양심이 흔들려야 한다고 생각했다. 흔들리지 않는 양심은 위험하다. 평화주의 신념을 갖게 된 것도 이 사회 속에서 너무 많이 흔들렸던 덕분이다. 사회의 시스템을 거부했다가, 망설였다가, 때로는 받아들여 보기도 하는 과정에서 생각이 자연스레 평화주의까지 닿게 되었다.

　"몇몇 심사위원들의 머릿속에선 비폭력/평화주의적 실천을 폭력과 차별에 저항하는 사회운동으로 이어 보지 못했다. 그저 무해하고, 완결성 있는 스토리로 신념을 완성한 올곧은 청년(유니콘?) 정도로 이해하는 건 아닐까 싶었다. 즉 '흔들리지 않는 양심'을 먼 과거에 이미 완성한 사람이라고 생각하는 듯했다. 아니면 폭력의 자장 안에 평생 놓여 있던 무기력한 피해자의 모습으로 상상하거나." (장길완, 「병역과 신넘의 조화로운 대체복무" 생활관-?」,『민주사회를 위한 변론』116
호, 2023)

그러나 그는 여전히 남은 병역거부 생활 중에도 흔들리
고 싶은 사람이다.

"병역거부라는 것도 그렇다고 생각한다. 일상 속에서 마주
하는 불편함을 문제로 규정하고 그것을 바꿔 나가기 위해
어떤 선택이 필요할지 타인과의 관계와 공동체 속에서 묻고
답하는 과정. 그 질문들에 당장 답이 나오지 않을 수도 있
고, 너무 근본적이고 거대해서 답을 미루는 과정에 있을 수
도 있다. 흔들릴 수도 있다고 생각한다." (장길완, 「대체복무제
도입 이후, 병역거부자들은 무엇이 달라졌나」,『전쟁없는세상 20주
년 국제회의 '양심적 병역거부 진단과 모색'』중)

누군가의 삶이 일관된 목표를 향해 걸어갈 수 있다고 보
는 관점에는 맹점이 있다. 삶을 개인의 의지로 운용할 수 있
다고 보는 시선은 개인을 고독하고 고립된 주체로 만든다. 다
른 존재가 삶에 끼어들 여지를 남기지 않기 때문이다. 그러나
어떤 삶이든 침범당하고 오염된 채로 존재한다. 국가가 그의
양심을 인정하기 전에도 길완은 그를 둘러싼 공동체와 동료

들 속에서 양심적 병역거부자로 살아가고 있었다. 헌법재판소에서 승리를 거뒀을 때, 그가 법적 당사자가 아니었음에도 주변에서 축하를 받은 건 그 때문이었다.

양심은 단단하거나 변하지 않는 것이 아니라, 흔들리고 오염되는 것이다. 그러나 국가의 '양심' 심사는 이것들을 포착하지도 수용하지도 못한다.

심사에서 인용이 결정 났을 때, 기쁘기는 했는데 기분이 진짜 묘했거든요. 국가가 인정하느냐에 따라서 개인이 감당해야 될 몫이 비약적으로 늘어나게 되는 거잖아요. 국가가 인정한 양심이란 뭘까? 인정되든 안 되든 나는 이미 이런 관계망 속에서 살고 있는 사람인데.

대체복무제도 심사 과정에는 '양심'을 증명하기 위해 중고등학교 생활기록부부터 시작해서 온갖 자료를 제출해야 했다. 그중에는 가족, 직장 동료, 제삼자 진술서와 그들의 신분증 등도 포함되어 있었다. 비록 길완과 지인에게 과도한 개인정보 제출을 요구했으며 심사 과정에서 심사받는 사람의 관계망을 도구처럼 다룬다는 문제가 있었지만, 길완 스스로는 이 과정을 통해 자신이 어떤 공동체에서 살고 있는지 명확하게 느낄 수 있었다.

친구들의 도움을 너무 많이 받았어요. 심사 과정에서 계속 소진이 됐거든요. 근데 옆에서 잘하고 있다는 격려의 말을 해 주고, 소견서 진술서도 봐 주면서 빈 부분을 채워 줬어요. 조언해 주고 다독여 줬죠.

저는 기본적으로 귀찮음이 많은 사람이고 다 지겹다고 생각하는 사람이에요. 생산성도 별로 높지 않고. 내가 이거 왜 해야 돼, 맨날 징징거리고. 그래서 고비마다 '신념의 끈을 놓치지 않고 이어 가는 모습을 응원한다', 이런 표현들이 엄청 큰 힘이 됐던 것 같아요.

모두에게 고맙다고 해야 하는데 귀찮음 때문에 몇 명한테밖에 연락을 못했네요. 아이고, 그때 끝냈으면 부채감이 없었을 텐데. (웃음) 아무튼, 고맙습니다!

'양심'을 심사받는 과정에 많은 사람이 그와 함께해 주지 않았다면 어땠을까. 어쩌면 이 지난한 과정을 버티지 못했을지도 모른다는 생각을 감히 해본다. 심사 때는 매번 민변의 동료 채완이 휴가를 내고 법률상 대리인으로 같이 가 줬다.

채완이 [본심사에서] 엄청 감동적인 말을 했어요. 자기는 현역을 갔다 온 사람인데, 길완을 일찍 만났으면 본인도 병역거부를 고민했을 것 같다는 거예요. 사전에 이렇게 얘기하자고 맞

춘 것도 아닌데 그런 말을 하더라고요. 그래서 '뭐야 이 사람?'
했죠. (웃음)

"제가 동석하게 된 것은 대리인으로서 온 것도 있지만, 동료
로서 하고 싶은 이야기들이 있기 때문에 자리에 왔습니다.
(……) 위원님들은 어떻게 생각하실지 모르겠지만 [길완은]
굉장히 두려움이 많은 사람입니다. 쉽게 병역거부를 하고
단순히 교도소로 간다는 말은 함부로 못합니다. 실제 그것
때문에 많이 두려웠다는 점을 저에게 많이 이야기했고요.
(……) [그럼에도] 불구하고 그러한 신념을 굳건히 지켜오고
지금 여기까지 왔다는 점, 간략히 말씀드립니다." (「전원회의
속기록: 2021. 9. 3」 중)

어떤 상상력

관계를 더 잘 가꿔 나가고 싶었던 그가 고맙다는 연락을 미
처 다 하지 못했던 것은 갑자기 교도소에 들어오게 되었기 때
문이다. 순식간에 서 있는 자리가 바뀐 길완은 길을 잃었다는
느낌을 받는다. 정확하게는 합숙하는 이 시공간에 맞지 않는
퍼즐 조각이 된 느낌이라고 했다.

길완은 이곳에서 커밍아웃을 따로 하지 않았다. 어디서부터 어떻게 설명해야 하나, 하다가 기회를 놓쳤다. 그러나 숨길 생각은 없다. 첫 외박 때 이미 서울퀴어문화축제를 간다고 모두에게 얘기하기도 했다. 하지만 어떤 이들은 길완이 아무리 무방비하게 정보를 흘려도 그 존재를 인지하지 못한다. 교도관들은 길완이 당연히 이성애자일 거라고 생각한다. 그건 아마도 교도소 세계가 이성애자가 당연한, 비이성애자가 배제된 사회이기 때문일 테다.

헌법불합치 결정을 받았을 때 길완이 상상한 미래는 분명 이런 모습이 아니었다. 물론 교도소에 수감되는 자기 모습을 상상해 본 적은 있었다. 그렇지만 대체복무요원으로 3년간 합숙하는 모습은 아니었다. UN 인권위원회는 대체복무 기간이 현역복무 기간의 1.5배 이상인 경우 징벌적이라며 경고한다. 2배 이상인 나라는 핀란드와 한국뿐이다. 한국의 3년이라는 대체복무 기간은 전 세계에서 가장 길다.

출퇴근이 아닌 '교도소에서 3년 합숙'이라는 형식을 갖추게 된 것은 한국에서 대체복무제도가 만들어지는 과정에서 중요하게 고려된 부분이 형평성이었기 때문이다. 이때 형평성이란 현역 군인과의 형평성을 뜻한다. 대체복무제도가 '쉬워' 보이면 '병역기피자'가 많이 생길 수 있다는 우려가 있었다. 그것을 막는 것이 대체복무제도의 의미보다 더 먼저 고려

되었다. '힘든' 군생활만큼이나 대체복무도 힘들어야 했다. 현역 군인이 힘들게 합숙하니까, 대체복무요원 역시 합숙해야 했다.

생활관에서 합숙하며 업무를 할 수 있는 국가시설이 그리 많지 않다. 그러니 대체복무요원이 교도소에서 3년간 합숙하는 건 병무청과 국방부의 메커니즘에서 이상하지 않은 일이었다. 어쩌면 안심되는 일이었는지도 모른다. 과거 양심적 병역거부자들의 감옥 수감은 사회적 논쟁거리였다. '대체복무'라는 제도로 그들이 교도소에 3년간 머무른다면 이전처럼 논란이 되지는 않을 터였다.

많은 이들이 시간을 보내는 제민천과 공주교도소는 실질적으로 가깝지만, 사람들의 일상과 교도소의 일상은 거리를 가늠할 수 없을 정도로 멀다. 물리적으로도 사회적으로도 심리적으로도, 어떤 방면으로도 접근이 쉽지 않다. 실제로 평화활동가들은 대체복무제가 생기고 오히려 사회적으로 관심도가 떨어졌다고 느낀다고 했다.

게다가 대체복무요원으로 지내는 동안에는 정치 활동을할 수 없다. 심사 과정에서 얼마나 정치적인 활동을 했는지 갖은 방법으로 증명을 요구받았던 것과 정반대다. 이제 누구도 그들의 신념과 양심을 개의치 않고, 신념과 양심을 드러낼 방법은 막혔다.

길완은 지금 한국방송통신대학교를 열심히 다니고 있다. 이전에 다녔던 대학교에선 시위에 가고, 활동을 하며 사람들 만나고, 세미나를 하느라 제대로 수업에 들어오지 않았다. 결국 졸업하지 못했는데, 지금은 높은 학점을 받으며 성실하게 수업을 듣고 있다고 했다. 그게 지금 그가 할 수 있는 거의 유일한 활동이기 때문인 건 아닐까.

대체복무제도는 양심적 병역거부자들이 양심을 지킬 수 있는 방안이어야 한다. 총으로 상징되는 가치에 저항하고 새로운 가치를 사회 안에서 실현할 수 있어야 한다. 세계에는 다양한 형태의 대체복무제도가 있다. 길완은 사회돌봄노동처럼 필요하지만 아직 지원이 미비한 공공서비스에 투입되면 좋겠다고 생각한다.

사회적으로 여성에게 전가되어 왔던 돌봄노동을 대체복무요원이 분담할 수 있다면 어떨까? 군필이 기준이 되는 '진짜 남자'가 아닌, '진짜 남자'를 거부하고 돌봄과 상호연대를 중요 가치로 내세운 '또 다른 인간'들이 사회 전면에 나서게 된다면 어떨까? 비록 현재 상황은 평화적 상상력과 거리가 멀지만, 대체복무제도는 우리로 하여금 다른 세상을 상상할 수 있게 해준다.

문란한 이방인

대체복무요원으로 소집되기 직전까지 그는 자신을 지지해 주는 친구들과 송별회(?)를 한다고 매일매일 술을 마셨다고 했다. 얼마나 만나야 할 사람이 많았던지 건강이 몹시 안 좋아져서 보는 사람마다 걱정할 정도였다.

3년 동안 떨어져 지내야 하잖아요. 어디에 배치될지도 모르고 나도 대체복무제도를 경험해 본 적이 없고. 선례도 거의 없으니까 가기 전에 사람들을 다 만나야 될 것 같은 의무감이 생긴 거예요.

어떤 일정을 보냈냐면, 새벽 2시 넘어서까지 술을 마시고 오전 11시에 점심 약속에 갔어요. 밤에 얼마 못 잤는데 아침에 일찍 일어나니까 더 못 쉬어요. 그러고는 저녁에 또 술 약속이고요.

가기 전에 찍은 사진을 보면 얼굴이 다 까매요. 타서 까만 게 아니라 부어 있고, 하여튼 애가 좀 안 좋아 보여요. 마지막 송별회에서는 술을 한 잔도 입에 못 댔거든요. 엄마가 너 이래서 진짜 갈 수 있겠냐고 그러더라고요. (웃음)

그랬던 그가 대체복무요원으로 소집되어 한 달간 교육을

받고 완전히 개안했다.

교육센터에 가서 3주 정도 시간을 보낸단 말이에요. 거기서는 술도 담배도 못하거든요. 심지어 핸드폰도 없잖아요. 책을 여러 권 가지고 갔는데 작가들이 너무 좋았어요. 완전 디톡스지. 건강해진 상태로 나왔어요. (웃음)
공주로 와서도 책을 한 달에 6~7권씩 읽고 운동도 주기적으로 하고, 정확한 시간에 자서 정확한 시간에 일어나고, 영양소가 고려된 밥을 제시간에 먹고 있어요. 아, 너무 건강해졌네.

건강이 회복되는 건 좋은 일이지만, 마냥 기쁘다고만은 할 수 없다. 길완은 종종 일상 이야기를 하다가 "이런 나, 괜찮나?", "너무 이상해지고 있지 않나?" 하며 '현타'가 왔다. 규율적인 삶이 자신의 정체성을 잃게 만든다고 느꼈기 때문이다.

서울 살 때도 따릉이 애용자였는데, 공주에는 백제 씽씽이라고 있더라요. 씽씽이는 따릉이랑 완전 똑같은 시스템인데 공짜고 심지어 몇몇 자전거는 전기자전거예요. 언덕 올라가는 게 너무 편하고 좋은 거죠. 페달을 몇 번 안 밟아도 알아서 슝슝 나가요.

아, 나 자전거 열심히 타고 너무 건강하게, 선한 청년처럼 살고 있어. 어떡하지. 난 더럽고 문란하게 살아야 되는데. 어쩌다가 이렇게 살고 있나. (웃음)

그가 말하는 더러움과 문란함에는 복합적인 의미가 있다. 게이는 아무 짓을 하지 않더라도 존재 자체가 사회에서 '더럽다', '문란하다'고 말해진다. 그러니까 그가 말하는 더럽고 문란한 생활이란 그저 게이라는 것을 밝히고 게이로서의 삶을 충실하게 사는 것, 그에 더불어 밤낮으로 열심히 사람을 만나는 것을 말한다. 3년간의 교정시설에서의 합숙은 사회 규제 밖의 '문란한' 사람을 사회 규제를 충실히 따르는 '선한' 사람으로 만들고 있다.

그렇다고 그가 이곳에서 '선한' 사람, 그러니까 '일등 시민'으로 거듭나게 되는 건 아니다. 오히려 대체복무요원 중 길완은 0.4%에 속하는 극소수다. 2022년까지 대체역에 인용된 사람의 전체 수는 2,673명이다. 그중 '개인적 신념 사유'로 신청한 사람은 13명이고 나머지는 모두 '종교적 신념 사유'로 신청한 사람이다.

교정시설에서는 그 누구도 0.4%의 사람들이 왜 병역거부를 했는지 궁금해하지 않는다. 이들의 신념이 지켜지기보다는 침해당하는 경우가 훨씬 더 많다. 대체복무 현장에서 만나는 많은 이들이 남이 가진 소수자성이나 흠결을 비난하는 장난을 친다. 게이가 욕으로 쓰이고 장애인을 차별하는 욕도 자주 사용된다.

특정 종교인들과 밀착 생활을 해야 하니 이곳이 특정 종교의 수련회인지 대체복무요원 생활관인지 모르겠다는 이야기도 들려온다. 그들은 길완에게는 '배려'해 준다는 말을 자주 사용한다고 했다. 무슨 이유로 병역거부를 했는지 잘은 모르지만, 어쨌든 길완과 같은 양심적 병역거부자들에게는 '배려'해 줘야 한다는 것이다. 그런 유의 '배려'가 달가울 리 없다. 다만 그들이 자신을 '이방인'이라고 부르는 건 무척 마음에 든다고 했다. '이방인'은 특정 종교에서 자신들과 같은 종교를 갖지 않은 사람들을 부르는 말이다. 길완은 적도 아군도 아닌, 그 이분법 밖의 존재 '이방인'이 되고자 한다.

그러나 아무리 '이방인'이라도 성역은 있다. 관물함은 교도소 내에서 유일하게 그의 정체성이 침해받지 않는 곳, 여전히 '더럽고 문란'할 수 있는 곳이다. 관물함에서 길완이 가장 아끼는 것은 친구들의 편지다. 관물대의 문이 닫혀 있을 때도, 그는 거기에 친구들의 편지가 존재한다는 것만으로도 안심한다.

[편지들은 이곳의] 오염된 말들 속에서 뭐라고 해야 되지, 등대

같은 거예요.

그를 그답게 살게 해주는 건 다름 아닌 친구와 동료들이다. '진짜 남자'가 중심이 되지 않는 공동체가 그에게 함께 살자리를 내어주고 있다. 진술서를 봐 줬던 친구들, 제삼자 진술서를 써 줬던 지인들, 심사에 함께 가 줬던 동료들과 교도소로 편지를 보내주는 친구들이 함께 말이다.

나가며

길완과 나는 대학 동기다. 둘 다 자퇴를 했으므로 동기라고 부를 수 있는지 모르겠지만, 여하튼 1~2년 정도 같은 교정을 누볐다. 내게 군대는 오래도록 듣기 싫은 이야기였다. 군대 경험담을 술자리에서 들을 때면 질색했고, 온 땅을 헤집고 다니는 군부대 소식을 들을 때면 화가 났고, 쉬지 않고 이어지는 전 세계 전쟁 소식에는 암담해하기만 했다. 나는 생물학적 남성이 아니었으므로 한 귀로 듣고 한 귀로 흘릴 수 있다고, 그래도 괜찮다고 생각했다.

그런데 대학 자퇴 후, 우연히 길완과 만나 밥을 먹다가 내가 이 문제를 애매하게 피하고 있음을 깨달았다. 나는 평화운동과 병역거부운동의 주역은 남성 활동가들일 거라고 생각했다. 가시적으로 교도소에 징역을 가거나 대체역을 간 이들이 남성이기 때문이기도 했고, 군대 문제의 당사자가 남성이라는 선입견 때문이기도 했다. 그러나 길완의 이야기를 듣고 공부를 하다 보니 병역거부운동을 포함한 평화운동에서 여성 활동가들이 큰 역할을 했다는 걸 알게 됐다. 나와 같은 여성 역시 전쟁과 군대 문제의 당사자였다(여성 활동가의 이야기는 〈전쟁없는세상〉의 『2022 병역거부운동 여성 활동가 인터뷰집』에서 자세히 볼 수 있다).

길완은 대체복무요원에게 정치적 활동이 금지되어 있기 때문에 손발이 묶여 있는 상태지만, 작은 틈새를 비집고 할 수 있는 일을 최대한 찾고 있다. 이곳저곳에 대체복무제도 도입 이후 병역거부자들이 처하게 된 현실에 관해 썼다. 생활관에서는 매달 1회씩 시행하게 되어 있는 인권 진단에 "사회적 소수자에 대한 차별 혐오 발화나 직간접적 폭력을 옹호하는 언행"이 너무 많이 발생되고 있다며 "정례적인 인권교육과 차별금지조항이 대체역 복무관리규칙에 포함되어야 한다"고 빼곡하게 적어 냈다.

특정 종교인 중 역할을 가지고 있는 이들과 개인신념자들이 미팅할 때면 "성소수자, 여성, 이주민, 장애인에 대한 문제 발언이 너무 많이 나온다. 반차별 운동을 해왔던 나에게

그런 발언은 결국 신념을 격하시키는 거랑 마찬가지다"라고 말하고 또 말하고 있다. 최근에는 대체복무요원 매뉴얼을 공개하라며 행정소송을 냈다.

길완은 왜 대체복무제도가 생겼음에도 병역거부를 하는 사람이 늘지 않는지 고민이 많다. 대체복무요원의 생활과 신념이 맞지 않는 문제를 계속 들추는 건 그 때문이다. 자신을 지지해 주고 함께 길을 내주었던 사람들이 있었던 것처럼, 그도 이후에 올 대체복무요원들을 위해 길을 닦는다. 웬만해선 그를 막을 수 없다. 누구든 이 사람을 상대하고자 한다면 마음가짐을 단단히 먹어야 할 것이다.

☆수환 인터뷰

일상의 갈등 속에서 평화를 찾는 사람

공주교도소에는 개인 신념을 이유로 대체복무요원이 된 사람이 셋이다. 그중 한 명이 길완, 또 다른 한 명이 수환이다. 수환을 인터뷰하던 날, 길완이 인터뷰 장소까지 함께 동행해 주었다. 공주 제민천 인근의 카페에 앉아 둘에게 무얼 하다가 왔냐고 물으며 인사를 건넸다.

길완　나는 운동하고 수환 님은 푹 주무시다가 오셨죠.

수환　저 운동 안 한다고 오늘 아침에 얼마나 타박하던지요.

길완　인터뷰하면서 저 욕하셔도 돼요. 장길완 때문에 민주주의 안 된다, 장길완 평화주의자 아닐 수도 있다. (웃음) 아, 내가 더 어색하게 만드네. 인터뷰 잘하세요. 수환 님 SOS 치실 수 있도록 저는 10분 거리에서 배회하고 있을게요.

수환　좀 있다 뵐게요. (웃음)

수환과 길완은 여러모로 다르다. 이보다 앞서 길완을 인터뷰하기 전날에도 둘은 외출을 나와 밤새 술을 마셨다고 했다. 그때 수환은 숙취로 약속을 다 취소하고 누워만 있었는데, 길완은 다음날 아침 일찍 나와 네 시간 동안 인터뷰를 했다.

둘이 다른 건 그뿐만이 아니다. 길완은 내부에서 벌어지는 부조리함을 참지 않는다. 말하고 행동하는 데 거침이 없다. 반면 수환은 우선 '그럴 수도 있지' 하고 생각한다. 그들을 이해하기 위해 공부를 한 다음에 천천히 자신의 생각을 밝힌다. 그래서 수환의 대체복무요원 생활기는 길완과 비슷하면서도 조금 달랐다.

자유를 위해 병역을 거부하다

고은   대학원에서 논문을 쓰신다고 했죠. 어떤 주제인가요?

수환   중세 프랑스문학 전공으로 트로이 전쟁 이야기를 다룬 소설을 분석하고 있어요. 시대마다 용인되고 칭송받는 폭력의 코드가 있을 텐데요. 그 시대에는 궁정적 기사도가 그래요. 전투 장면만 23차례에 걸쳐 펼쳐지거든요. 끝없는 전투 속에서 폭력을 양식화하려고 했던 노력들이 어떻게 무너지고 변질돼서 파멸을 맞이하는지, 그거를 극복하기 위해서 어떤 다른 문학적인 대답을 내놓는지 보는 걸 목표로 하고 있어요.

고은   원래 평화와 폭력에 관심이 많으셨어요?

수환   병역거부 하겠다고 했을 때 지도 교수님이 "너는 그렇게 폭력을 좋아하면서 병역은 거부하겠다고 하고. 참 알 수가 없어" 하면서 진술서를 열심히 써 주셨거든요. (웃음) 거의 빚보증하는 것처럼 나의 모든 명예를 걸고 이 아이를 보증하겠다고, 너무 감동적으로 써 주셨어요.

저는 기본적으로 폭력 장면에 관심이 있어요. 판타지, 무협 이런 거 되게 좋아하거든요. 기사 소설도 되게 좋아하고요. 그래서 중세 문학을 택한 거기도 해요. 물론 병역거부가 영향을 많이 미치긴 했죠. 최근 몇 년간 저에게 가장 중요한 문제였으니까요.

고은　　언제쯤 병역거부를 결심하셨어요?

수환　　20대 초반쯤엔 이미 마음이 굳었던 것 같아요. 언론이나 심사, 재판에서는 이렇게 얘기했어요. 고등학교 윤리 시간에 사형제 폐지와 병역거부에 대한 찬반 토론이 있었다. (웃음) 그래서 고민하게 되었고, 입영 대상이 되었을 때 전쟁을 수행하기 위한 신분이 될 수는 없을 것 같다는 판단을 했다. 내가 지고 갈 수 있는 목숨의 무게는 나 하나밖에 없다고 생각하고, 다른 사람을 해쳤을 때 그 무게를 감당할 자신이 없다. 정리된 서사인 거죠.

근데 주변에 많이 했던 말은 "감옥에 가고 싶다"였던 것 같아요. 많은 것이 답답했고 감옥에 가면 삶이 훨씬 자유로워질 거라고 생각했어요. 전과자가 됐으니까, [정해진] 삶의 트랙에서 벗어나는 일을 마음 놓고 할 수 있지 않을까. 제가 적극적이지 못하고 흘러가는 대로 가는 편이었어서 그랬는지도 모르겠어요.

고은　　저도 대학 자퇴할 때 그런 느낌이었어요. 고졸이면 기득

권으로 나아갈 선택지가 더 적어질 테니까 자유로워질 거라고 생각했거든요.

수환　맞아요, 저도 그런 느낌이었어요. 이 사회의 흐름이라는 게 강력하니까 병역거부를 하면 거기서 더 쉽게 벗어날 수 있지 않을까.

고은　병역거부 하는 과정은 어떠셨어요?

수환　저는 재판이랑 심사를 둘 다 받은 케이스에요. 2018년도에 병역거부 했을 때 바로 감옥에 갈 거라고 생각했어요. 감옥 들어가기까지 6개월 걸린다고 하고 감옥에서 1년 6개월, 가석방 받으면 1년 2개월 살고 나오면 언제쯤이니까 그때 유학을 가야겠다. 이렇게 시기를 맞췄던 거예요. 그런데 헌법재판소 판결이 나고, 그때부터는 기약 없이 길어지니까 저의 계획이나 각오와 상관없이 일이 흘러갔어요. 술도 엄청 마셨고 스트레스도 많이 받았던 것 같아요.

　사실 그 과정 내내 평화주의에 자신은 없었어요. 급박하게 사법 행정에 맞춰서 정리하고 말하는 훈련을 했는데, 그때는 평화주의가 제 언어라고는 생각을 안 했어요. 오히려 여기 와서 생활하면서 정리가 됐어요.

지난함을 견디는 평화주의자

수환　재판이나 심사 때는 군대를 거부하는 문제니까 상대를 해칠 수 없는 이유에 대해 집중했어요. 그런데 여기 와서는 갈등을 풀어나가는 방법에 대해서 생각하게 됐던 것 같아요. 지금까지 잘 해왔건 못해왔건, 그런 것들이 무엇이었는지를요. 대학에 와서 페미니즘과 정치적 올바름의 세계를 접하면서 스스로를 많이 긍정하게 됐었거든요. 내가 느끼는 불편함을 어떤 방식으로 맞받아쳐야 되는지도 알게 됐었고요.

근데 지금 생각해 보면 너무 경직되었던 거예요. 반성을 많이 했어요. 그러면서 정치적 올바름이 가장 중요한 건 아닐 수도 있다고 생각하게 됐고, 나랑 다른 생각이나 윤리관을 가진 사람과 어떻게 지낼 수 있는지에 대해서 고민하게 됐어요. 이게 비겁한 타협인지, 아니면 제 나름 평화주의를 발견해 가는 과정인지는 아직 잘 모르겠어요.

고은　왜 그렇게 생각하세요?

수환　예전이라면 용납할 수 없는 언행을 '그래, 그렇게 생각할 수도 있지' 하면서 넘겨서요. 문제 제기를 거의 안 하고, 하더라도 느리고 온건하게 해요. 그래도 제 나름으로 체득해 나가고 있는 부분이 있는 것 같아요. 사람을 대할 때 '그래, 나는 평화주의적인 신념이 있으니까' 하면서 다시 되돌아보는 부분은 생겼어요. 상대에게 상처가 될 수 있지만 지금 내게는 큰 쾌감을 줄 수 있을 한마디가 목 끝까지 차올랐을 때 하지 않을 수 있는 정도는 된 것 같아요.

고은　대체복무와 평화는 어떤 관련이 있을까요?

수환　일단 병역거부를 했다는 게 가장 큰 것 같고요. 흔적은 있지만, 대체복무 생활 안에서 평화와 접점을 찾기는 진짜 어려운 것 같아요. 시민사회에서 요구한 것처럼 사회복지, 소방, 돌봄 이런 쪽으로 갔으면 훨씬 자연스럽게 폭력적인 시스템 일부를 메우는 활동을 할 수 있었을 텐데요. 지금처럼 교정시설에서 일하며 폭력의 부작용을 최소화하거나 폭력에 반대하는 활동을 한다는 느낌을 받기는 정말 어려운 것 같아요.

사실 '평화주의'가 제게는 여전히 좀 오글거리는 표현이에요. 그래도 갈등을 폭력이 아닌 방식으로 풀어 나가는, 그 지난함에 대한 감수가 평화주의라고 한다면 저는 여기서 여러모로 시험당하면서 트레이닝하는 중이기는 한 것 같아요.

고은   시험을 당한다고 느끼시는군요?

수환   저랑 너무 다른 집단과 다른 환경, 다른 분위기에서 어울리고 있으니까요. 교도소에서 당연하게 여겨지는 질서와 규율이 있어요. 어떤 면에서는 사회에서 통용되는 조직문화이기도 하면서, 군대문화를 닮았기도 하고. 하지만 완전히 같지는 않죠. 그걸 강요받지만, 그렇다고 거부할 수 있는 여지가 전혀 없는 건 아니에요. 그래서 자치, 협상, 어떤 때는 투쟁까지 가야 할 수도 있어요. 그런데 이 안에 너무 큰 격차가 있죠. 크게는 종교와 비종교가 있어서, 이 관계를 조율하고 뜻을 모으면서 어떤 부분은 타협하고 또 어떤 부분은 좀 바꿔야 하는데요. 그 사이에 인간관계의 지난함도 견뎌야 해요. 계급, 종교, 젠더 같은 사회적 여건도 끼어들 수밖에 없고요.

신념을 시험당하는 일상

고은　생활관에서 지내는 건 어떠세요?

수환　생각보다 잘 지내고 있어요. 자급자족적인 생활을 추구하다 보니까 책 읽을 수 있는 정도만 있으면 그럭저럭 살거든요. (웃음) 다른 대원들은 내부가 좁고, 사람은 많고, 뭐가 부족하다고 하는데요. 저는 그런 것들이 안 필요해요. 제가 대표를 맡고 있어서 개선되길 원하는 사항을 복무관과 협상해야 하는데, 그때마다 '그렇게까지 필요한 일이야?'라는 생각을 하고 있습니다. (웃음)

고은　오, 대표시군요.

수환　네, 제 역할은 대원들의 의사를 확인하고 모아서 복무관에게 전달하는 역할이에요. 근데 그걸 복무관이 임명하게 되어 있어요. 자치와는 거리가 좀 있죠.

고은　복무관에게 좋은 인상을 주셨나 봐요.

수환　제가 원하는 게 별로 없어서인지도 모르겠어요. 그리고 이곳은 남성 사회이고 나이 위계를 엄청 중요하게 여겨요. 형들이 해야 말이 통한다는 거죠. 제가 두번째로 나이가 많거든요. 앞선 대표는 제일 나이가 많은 사람이 했고, 바꿔야 되는 시점에 제가 하게 됐어요.

고은　대표를 해보니까 어떠세요?

수환　특정 종교단체 사람들은 장유유서라는 말을 심심치 않게 할 정도로 나이를 중요하게 생각하고, 권위에 순종하는 걸 중요한 덕목으로 여겨요. 웬만하면 본인 의사를 내세우지 않는 측면이 있으니까, 제가 대표가 되면 그들의 생각과 감정을 찬찬히 들어보고 그걸 최대한 살릴 수 있는 방향으로 가야겠다고 생각했는데요. 막상 해보니 너무 어려운 거예요. 간단한 규칙 하나를 지키게 하려면 어떻게 해야 하는 건가, 화를 내봐야 하는 건가, 이런 고민을 하고 있어요. 물론 성격상 그렇게는 못하지만요.

여기 생활이 1년 3개월 차가 되어 가는데, 이제야 우리에게 정치적 신념이 있고, 어떤 말은 좀 불편할 수도 있다고 이야기하고 있어요. 그들이 어떤 사람인지 개별적으로도 파악이 됐고, 교리 공부를 1년여 같이 했거든요.

고은　와, 교리 공부를 하셨어요?

수환　종교는 없지만 성경은 경전이니까요. 좋은 기회다 싶었죠. 생활실 인원 점검 끝나고 성경 읽기를 같이 했고, 요즘은 일주일에 성경을 4장씩 읽고 인상적인 구절에 생각을 덧붙이거나 해설하는 프로그램을 하고 있어요. 자기들 교리에 관해 설명하는 걸 좋아하고 전파 활동을 중요하게 생각하니 프로그램이 되게 잘되어 있거든요. 그들이 성경 읽는 방식과 제가 읽는 방식은 많이 다르기는 한데, 어쨌든 큰 세계관이나 문법은 조금 알게 됐다는 생각이 드는 거죠. 그래서 제가 말할 때 어느 부분을 조심하면 되는지 각이 나오니까 얘기를 할 수 있게 된 것 같아요.

사실 제 평화주의가 시험받고 있다는 생각이 들어요. 저는 '사이다'를 추구하지 않는 것이 중요하다고 생각하거든요. 서로 다른 생각을 하는 사람들이 부딪히면 지지부진할 수밖에 없으니까, 그 지지부진함을 견디는 게 중요하다, 그게 윤리적인 태도다, 생각하고 있었어요. 그런데 이곳에 와서는 일사불란이 얼마나 편안한 것인가, 얼마나 효과적인가 느꼈어요.

길완 님하고는 "절대 민주주의가 일어날 수 없는 곳에서 민주주의를 실험하고 있다" 이렇게 표현해요. 사람을 미워하지 않기 위해 노력하고 있어요.